驚くほど話せるようになる!
英会話「1日1パターン」レッスン

デイビッド・セイン

PHP文庫

○本表紙図柄＝ロゼッタ・ストーン（大英博物館蔵）
○本表紙デザイン＋紋章＝上田晃郷

まえがき

　日本で英語を教え始めて20年以上になりますが、生徒さんから「英会話を上達させるには、どうすればいいですか？」という質問をよく受けます。

　そのためには、「会話の引き出し」を増やすことがなんといっても大切です。ただ、「何百、何千というフレーズをこれから覚えなくてはいけない」と思うとげんなりしてしまい、それだけでやる気がそがれてしまうでしょう。また、気合いと根性でなんとかフレーズを覚えても、悲しいかな、それを実際に使う前に忘れてしまうことがほとんどです。

「ではどうすればいいの？」と思うかもしれませんが、**超効率的に引き出しを増やす方法**が実はあるのです。
　ここでまず、以下の３つの日本語を頭の中で英語にしてみてください（ここで英文が思い浮かばなくてもまったく問題ありませんのでご安心を）。
　・メニューをください
　・魚料理でお願いします（機内食を選ぶとき）
　・割引してほしいのですが

どんな英語が浮かびましたか？

実はこの3つとも、**「I'd like ～」**という同じひとつのパターンを使って表現できます（P.28～29参照）。

フレーズの丸暗記では、ひとつ覚えてもひとつのことしか話せるようになりません。一方、「I'd like ～」のようなパターンの場合は、**たったひとつ覚えるだけで、何通りものことが一気に表現できるようになるの**です。

しかもみなさんは、すでに中学高校と英語を学んできて、「日常会話で必要な基本パターン」はほとんどご存じかと思います。ただ、それを**適切な場面で、とっさに引っ張り出して使いこなせていないだけ**。それはとてももったいない！　宝の持ち腐れなのです。

反対に、短期間で英会話が上達する人は、「活用範囲の広い基本パターン」だけを押さえ、あらゆる場面で徹底的に使い回すことで、とても効率よく「会話の引き出し」を増やしています。

今回は、「よく聞くけど使い勝手の悪いパターン」「学校では教わるけど、ネイティブがあまり日常会話で使わないパターン」などは排除し、実際にネイティ

まえがき

ブが日常会話でよく使う、**使い勝手のいい「頻出パターン」**だけを厳選しました。そのため、収録パターン数は50と決して多くありませんが、これだけでもたいていのことは英語で言えるようになります。

「ネイティブ英語」、と聞くとかまえてしまうかもしれませんが、**ネイティブも日常シーンでは中学英語並みのごく簡単なパターンを使って会話をしています。**
　そのパターンをあらかじめ知っておけば、ネイティブの会話も格段に聴き取りやすくなります。ヒアリング力も向上し、**TOEIC®などの対策にも効果的**です。

　英語に限ったことではありませんが、語学習得で大切なのはなんといっても「習慣づけ」、つまり毎日何かしら英語に触れ続けることです。
　そこで本書では、**忙しい方でもスキマ時間を見つけて毎日続けられるように「１日１パターン」に絞りました。**「たったそれだけ？」と思うかもしれませんが、各パターンを使った例文を８つご紹介しています。さらに、パターンが定着するように、英作文トレーニングも10題ご用意しました。自分で考える能動的な作業を行うことで、より頭に印象深く残るように工夫してあります。

もちろん、夏休みなどのまとまった時間が取れるときに、1日7〜10パターンずつこなして、短期集中で一気にマスターすることも可能です。

　いずれにせよ、そのパターンがなじむまで、何度も口にしてみてください。実際の会話の場面で**「とっさに口から出てくる」**ようにするためには、何度も繰り返すことが不可欠です。

　最後に、ひとつでもパターンを覚えたら、実際の場面で即実践してみましょう。**伝わった喜びは、「もっと話したい」というさらなるモチベーションにつながります。**英語は勉強ではありません、コミュニケーションを楽しむための便利なツールです。たくさん使ってこそ「道具」はいきてきますよ。

Learning English can be fun again!

David Thayne（デイビッド・セイン）
　　　＋
エートゥーゼット

英会話「1日1パターン」レッスン

目次

まえがき ・・ 3
本書の構成と使い方 ・・・・・・・・・・・・・・・・・・・・・・・・・・・・・ 12
レッスンの進め方 ・・・・・・・・・・・・・・・・・・・・・・・・・・・・・・・ 16

PART 1　これだけ覚えればOK！ 海外旅行が10倍楽しくなるパターン20

1 I want to ~／〜がしたいです ・・・・・・・・・・・・・・・・・ 20
2 I'd like to ~／〜をしたいのですが ・・・・・・・・・・・・ 24
3 I'd like ~／〜が欲しいのですが／〜をください ・・ 28
4 Do you have ~?／〜はありますか？ ・・・・・・・・・ 32
5 Do you know ~?／〜をご存じですか？ ・・・・・・・ 36
6 Can I ~?／〜してもいいですか？ ・・・・・・・・・・・・・ 40
7 Should I ~?／〜したほうがいいですか？ ・・・・・・ 46
8 Could you ~?／〜していただけますか？ ・・・・・・ 50
9 Do you mind if I ~?／〜してもかまいませんか？ ・・・ 56
10 Excuse me, but ~／すみませんが〜 ・・・・・・・・・ 60
11 Where's ~?／〜はどこですか？ ・・・・・・・・・・・・・ 64
12 Where can I ~?／どこで〜できますか？ ・・・・・・ 68

13 **What's ~?** ／～は何ですか？ ………………… 72
14 **What kind of ~ do you have?**
／どんな（種類の）～がありますか？ ………… 78
15 **What does ~ mean?**
／～はどういう意味ですか？ ………………… 82
16 **How much/many/far/often ~?**
／～はどのくらいですか？ …………………… 88
17 **I'm ~** ／私は～です …………………………… 94
18 **I have ~** ／体の症状 ………………………… 98
19 **It's ＋ [形容詞]** ／料理や景色の感想など …… 102
20 **Thanks for ~** ／～（してくれて）ありがとう …… 108

PART 2　微妙な気持ちも伝えられる！
コミュニケーションが円滑になるパターン20

21 **I hope ~** ／～だといいです ………………… 114
22 **I think ~** ／～と思います …………………… 118
23 **I need to ~** ／～しなくてはいけない ……… 122
24 **I want you to ~** ／あなたに～してもらいたい …… 126
25 **I feel like ~ing** ／～したい気分 …………… 130

26 **I can't wait to ~** ／～するのが待ちきれない ・・・ 136
27 **I know ~, but ...**
  ／～なのはわかっているのですが… ・・・・・・・・・・・・ 142
28 **I'm sorry, but ~** ／申し訳ありませんが～ ・・・・・・ 148
29 **I'm afraid ~** ／あいにく～／残念ながら～ ・・・・・・ 152
30 **I'm glad ~** ／～でよかった ・・・・・・・・・・・・・・・・・・・・ 156
31 **I should've ~** ／～すればよかった ・・・・・・・・・・・・ 160
32 **I'll take care of ~**
  ／～は私が対応(担当)します／～は任せて ・・・・・・・ 166
33 **You look ~** ／あなたは～のようですね ・・・・・・・・・ 170
34 **You should ~** ／～したらいいですよ ・・・・・・・・・・ 174
35 **Would you like to ~?** ／～がしたいですか？ ・・・ 180
36 **Why don't you ~?** ／～したらどうですか？ ・・・ 186
37 **How about ~?** ／～はどうでしょうか？ ・・・・・・ 192
38 **Let's ~** ／～しましょう ・・・・・・・・・・・・・・・・・・・・・ 196
39 **Let me ~** ／～させてください ・・・・・・・・・・・・・・・ 200
40 **How was ~?** ／～はどうでしたか？ ・・・・・・・・・・ 204

PART 3 英語独特の言い回しに慣れる！ 「ネイティブ脳」が鍛えられるパターン10

41 It depends on ~／～次第ですね ············· 212

42 It seems ~/It looks ~／～みたいだね ········ 216

43 They say ~／一般的には～だと言われている ··· 222

44 Make sure you ~／必ず～してね ············· 226

45 You can ~, if you want.
／もしよければ～してください ················ 230

46 What if ~?／もし～だったらどうしよう？ ····· 234

47 What do you say to ~?／～はどうでしょうか？ ··· 238

48 I'm about to ~
／まさに今～しようとしていたところ ··········· 242

49 ~(比較級) than I expected.
／思ったより～だ ··························· 246

50 No wonder ~／～するのも無理はない ········ 250

本書の構成と使い方

パターンはどれも 中学英語レベル

簡単だけれども、会話でよく使うパターンを厳選しました。

「基本フレーズ」をまずチェック

具体的にどんな英文になるかを、ここでまずつかみましょう。

「解説」を読んで理解を深める

最低限おさえておきたい文法事項や、各パターンの持つ微妙なニュアンスなどを解説。理解が深まり、頭に残りやすくなります。

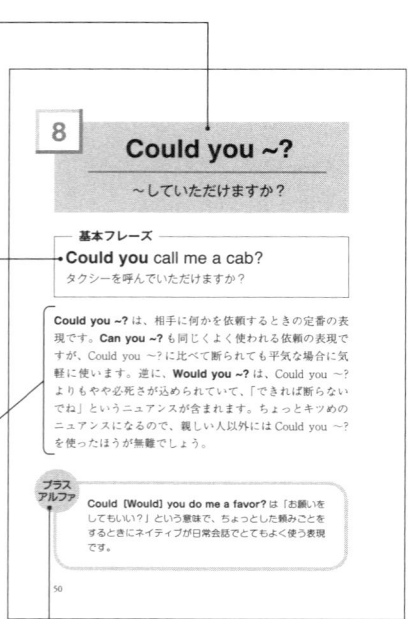

8 Could you ~?

~していただけますか?

──基本フレーズ──
- **Could you** call me a cab?

  タクシーを呼んでいただけますか?

Could you ~? は、相手に何かを依頼するときの定番の表現です。**Can you ~?** も同じくよく使われる依頼の表現ですが、Could you ~? に比べて断られても平気な場合に気軽に使います。逆に、**Would you ~?** は、Could you ~? よりもやや必死さが込められていて、「できれば断らないでね」というニュアンスが含まれます。ちょっとキツめのニュアンスになるので、親しい人以外には Could you ~? を使ったほうが無難でしょう。

プラスアルファ

Could [Would] you do me a favor? は「お願いをしてもいい?」という意味で、ちょっとした頼みごとをするときにネイティブが日常会話でとてもよく使う表現です。

「応用知識」も充実

各パターンを使うときの注意点や、関連して覚えておくといい表現・フレーズも豊富に紹介しています。

STEP 1　各パターンの「解説」や「例文」をまず読む

PART 1　海外旅行が10倍楽しくなるパターン20

このパターンでこんなことが言えます！

Could you call Mr. Roberts?
ロバーツさんをお願いできますか？

Could you drive me to the airport?
空港まで送っていただけますか？

Could you help me find the station?
駅を探していただけますか？

Could you take a picture of us?
私たちの写真を撮っていただけますか？

Could you forward that e-mail to me?
そのメールを私に転送していただけますか？

Could you ask her to call me back?
彼女に折り返し電話をしてもらえるようお伝えいただけますか？

Can you change my reservations?
予約の変更ってできます？

Would you cancel my reservations?
なんとか予約を取り消してもらえませんか？

「例文」を読んでパターンを頭に定着させる

各パターンを使った「例文」を8つずつ掲載。これを読むと、たったひとつのパターンで実にさまざまなことを表現できることに驚くはずです。

使用頻度が高いフレーズを精選

例文は、海外旅行のときなどに「よく使うもの」ばかり。また、「reservation ⇒ order」というように単語を入れかえて使えば、さらに多くのことが表現可能です。

STEP 2 日本語の文章を見て英文を思い浮かべる

STEP 1 で習ったパターンを使って英作文にトライ

右ページを隠して、英文を頭の中で思い浮かべてみましょう。

ヒントも参考に

難しい単語や言い回しにはヒントをつけています。大いに参考にしてください。

Could you ~?　～していただけますか？

- □ ① 私を手伝っていただけますか？

- □ ② 伝言をお願いできますか？

- □ ③ 病院まで送っていただけますか？

- □ ④ ABC ホテルを探していただけますか？

- □ ⑤ このレポートの要約をお願いできますか？
  ヒント：要約する = summarize

- □ ⑥ グリーンさんに私を紹介していただけますか？

- □ ⑦ この単語の意味を教えていただけますか？

- □ ⑧ ちょっとカバンを見ていてもらえます？
  ヒント：少しの間 = for a moment

- □ ⑨ 私と結婚してもらえませんか？

- □ ⑩ なんとか今すぐ来てもらえないですかね？

音読すると
脳への定着度が
さらにアップ

STEP 3 英文を見て答え合わせ

PART1 海外旅行が10倍楽しくなるパターン20

① **Could you** help me?

② **Could you** take a message?

③ **Could you** drive me to the hospital?

④ **Could you** help me find ABC Hotel?

⑤ **Could you** summarize this report?

⑥ **Could you** introduce me to Mr. Green?

⑦ **Could you** tell me what this word means?

⑧ **Can you** watch my bags for a moment?

⑨ **Would you** marry me?
※断られたら困るので、プロポーズのときは Would you を使います。

⑩ **Would you** come right now?

53

間違った部分を確認

最初は間違って当たり前。落ち込む必要はありません。自分の思い浮かべた英文とどこが違うかを、しっかり確認しましょう。

STEP2と3を繰り返し、右ページの英文がパッと思い浮かぶようになったら□の中に✓(チェック)を入れる

①〜⑩のすべてにチェックが入ったら、このパターンのレッスンは終了です。

レッスンの進め方

基本は

1日1パターンずつ
レッスン

― [メリット] ―――――――――――――

○通勤・移動中、お昼休みなどの
　「スキマ時間」に手軽にできる！
○机の前に座って勉強しなくてもいい！
○忙しい人でもラクに続けられる！

短期集中型のあなたは

1週間で速攻レッスン
（1日7パターン程度）

「PART1」だけ2日で集中レッスン
（1日10パターン程度）

○夏休みやGWに、短期間で一気にマスターできる！

○海外旅行直前（最悪、飛行機の中）でもOK。しかも、旅行が何倍も楽しくなる！

PART 1

これだけ覚えればOK！

海外旅行が
10倍楽しくなる
パターン20

1

I want to ~

～がしたいです

基本フレーズ

I want to eat Chinese food.

中華料理を食べたいな。

I want to ＋ [動詞の原形] は、「～がしたい」と自分の希望や夢を伝えるときの定番パターンです。ネイティブ同士の会話では **I wanna**（アイウォナ）と省略して発音します。「～がしたくてたまらない」と言いたいときには、**I'm dying to ~** という表現がオススメです。例）I'm dying to see that movie.（あの映画が観たくてたまらない）

注意！

人に何かを頼むときにこのパターンを使うと、子供っぽいニュアンスになるので要注意。たとえば、I want to have dessert. と言うと、「デザート食べたいよ」という感じです。お願いごとには、**パターン2**の **I'd like to ~**を使いましょう。

PART 1　海外旅行が10倍楽しくなるパターン20

> **このパターンでこんなことが言えます！**

I want to see the zoo.
動物園を見たいな。

I want to go home now.
今すぐ家に帰りたいです。

I want to go to the hospital.
病院へ行きたいです。

I want to take a break.
休憩したいです。

I want to leave early.
早めに出たいです。

I want to get a haircut.
髪を切りたいな。

I want to work it out.
ぜひ成功させたいです。

I'm dying to get a massage.
マッサージに行きたくてたまらない！

パターン
トレーニング

I want to ~ 　　〜がしたいです

□ ① 歌いたいな。

□ ② 歩きたいです。

□ ③ 朝ごはんを食べたいな。

□ ④ 彼に会いたいな。

□ ⑤ ここにいたいです。

□ ⑥ 映画を観にいきたいです。

□ ⑦ お昼にベーグルが食べたいです。

□ ⑧ 上海のナイトライフを体験したいです。
　　ヒント：体験する= experience

□ ⑨ ホテルに着いたら、眠りたいです。

□ ⑩ あのバンドのライブが観たくてたまらない！

① **I want to** sing.

② **I want to** walk.

③ **I want to** eat breakfast.

④ **I want to** meet him.

⑤ **I want to** stay here.

⑥ **I want to** go see a movie.

⑦ **I want to** eat a bagel for lunch.

⑧ **I want to** experience Shanghai's nightlife.

⑨ **I want to** sleep when I reach the hotel.

⑩ **I'm dying to** see that band live!

2

I'd like to ~

～をしたいのですが

--- 基本フレーズ ---
I'd like to exchange money.
両替をしたいのですが。

I'd like to は I would like to の略で、自分の希望をかなえてもらいたいときの丁寧な依頼の表現です。「〜したいのですが」というニュアンスで、to 以下に具体的に自分のしたいこと（行動）を続けます。自分側の都合や、自分のちょっとしたわがままなどを伝えるときは、**I want to** ではなく、この **I'd like to** という丁寧な表現を使ったほうが、相手に好印象です。

プラスアルファ

行動ではなく、モノが欲しい場合は、**I'd like a wine list.**（ワインリストをいただきたいのですが）というように to を入れずに表わします。⇒**パターン3**参照

このパターンでこんなことが言えます！

I'd like to see a menu.
メニューを見たいのですが＝メニューをください。

I'd like to have this.
(飲食店でメニューを指さして)これをください。

I'd like to cancel my order.
注文を取り消したいのですが。

I'd like to try this on.
これを試着したいのですが。

I'd like to have a pamphlet in Japanese.
日本語のパンフレットをいただきたいのですが。

I'd like to get my valuables.
預けていた貴重品を受け取りたいのですが。

I'd like to get this wrapped.
これを包んでほしいのですが。

I'd like to speak to Mr. Smith.
(電話で)スミスさんをお願いします。

I'd like to ~ 　　〜をしたいのですが

☐ ① これが欲しい(買いたい)のですが。

☐ ② レンタカーを借りたいのですが。

☐ ③ 窓際に座りたいのですが。
　　ヒント：窓際に＝ by the window

☐ ④ 予約をしたいのですが。

☐ ⑤ 私の予約をキャンセルしたいのですが。

☐ ⑥ 割引チケットを手に入れたいのですが。

☐ ⑦ (電話で)ゴードンさんをお願いします。

☐ ⑧ もっと大きい部屋に移動したいのですが。

☐ ⑨ 彼女の電話番号をお聞きしたいのですが。

☐ ⑩ できるだけ早く家に着きたいのですが。
　　ヒント：できるだけ早く＝ as soon as possible

① **I'd like to** get this.

② **I'd like to** rent a car.

③ **I'd like to** sit by the window.

④ **I'd like to** make a reservation.

⑤ **I'd like to** cancel my reservation.

⑥ **I'd like to** get a discount ticket.

⑦ **I'd like to** speak to Mr. Gordon.

⑧ **I'd like to** move to a bigger room.

⑨ **I'd like to** ask for her number.

⑩ **I'd like to** get home as soon as possible.

3

I'd like ~

~が欲しいのですが/~をください

基本フレーズ

I'd like fish.

魚料理でお願いします。(機内食で魚か肉かを聞かれたときに)

レストランなどの注文において、ウェイターに **Are you ready to order?**(ご注文は?)などと聞かれたときには、**I'd like** に欲しいものを続ければOK。また、調理方法などを聞かれたときは、**I'd like it ~** という表現がとても便利です。例)How would you like it cooked? → **I'd like it** medium, please.

プラスアルファ

お店などで、「これを○個ください」と言いたいときは、**I'd like ~ of these.** という表現が使えます。~の部分に数を入れればOKです。
例)I'd like three of these.(これを3つください)

このパターンでこんなことが言えます！

I'd like a menu.
メニューをください。

I'd like coffee.
コーヒーをください。

I'd like something to drink.
何か飲み物が欲しいのですが。

I'd like a discount.
割引してほしいのですが。

I'd like two tickets, please.
チケットを2枚ください。

I'd like a window seat.
窓側の席がいいのですが。

I'd like a Japanese guidebook.
日本語のガイドブックをください。

I'd like it well-done.
(焼き方は)ウェルダンでお願いします。

I'd like ~

~が欲しいのですが／~をください

- □ ① 肉料理でお願いします。
- □ ② 新しい車が欲しいです。
- □ ③ 彼女が欲しいです。
- □ ④ ワインリストをいただきたいのですが。
- □ ⑤ コーヒーとドーナツをください。
- □ ⑥ 自分のオフィスが欲しいです。
- □ ⑦ もっと大きい家が欲しいです。
- □ ⑧ レシートが欲しいのですが。
- □ ⑨ もう少し時間が欲しいのですが。
- □ ⑩ (焼き方は)ミディアムレアでお願いします。

① **I'd like** meat.

② **I'd like** a new car.

③ **I'd like** a girlfriend.

④ **I'd like** a wine list.

⑤ **I'd like** coffee and a donut.

⑥ **I'd like** my own office.

⑦ **I'd like** a bigger house.

⑧ **I'd like** a receipt.

⑨ **I'd like** some more time.

⑩ **I'd like it** medium rare, please.

4

Do you have ~?

～はありますか？

― 基本フレーズ ―

Do you have a Japanese menu?

日本語のメニューはありますか？

Do you have ~? は、「～はありますか？」と人に何か持っているかどうか尋ねるときに使う表現です。例文のように「モノ」はもちろん、**Do you have some time?**(お時間ありますか？)や **Do you have any idea?**(アイデアありますか？)のように、「コト」に対しても使うことができます。また you は、例文のように話し相手「ひとり」だけではなくお店や団体に対しても使います。Do you have these shoes in black?(この靴の黒はありますか？) の you は、店員ではなく、お店を指します。

プラスアルファ

人に尋ねる前には、**Excuse me, but**(すみませんが)とワンクッション置くとより丁寧です(**パターン10**参照)。例) Excuse me, but do you have a map?(すみませんが、地図はありますか？)

PART 1　海外旅行が10倍楽しくなるパターン20

＜　このパターンでこんなことが言えます！　＞

Do you have a map?
地図ありますか？

Do you have a spa in the hotel?
そのホテルにスパはありますか？

Do you have a wireless network?
無線ＬＡＮはありますか？

Do you have any Japanese newspapers?
日本の新聞はありますか？

Do you have any suggestions?
何かオススメ（提案）はありますか？

Do you have one like this?
これと同じようなものがありますか？

Do you have these shoes in another color?
この靴で違う色のものがありますか？

Do you happen to have stomach medicine?
胃薬なんて持ってたりする？
＊ have の前に「happen to」を入れると、「持っていたりします？」
　というニュアンスになり、相手へのプレッシャーを軽減できます。

Do you have ~?　~はありますか？

☐ ① ガイドブックはありますか？

☐ ② 熱はありますか？
　　　ヒント：熱= fever

☐ ③ 数分お時間ありますか？

☐ ④ メールアドレスをお持ちですか？

☐ ⑤ 爪切りはありますか？
　　　ヒント：爪切り= fingernail clipper

☐ ⑥ 何かいいアイデアある？

☐ ⑦ 余ったコピーはありますか？

☐ ⑧ 私のためにもう一枚チケットはありますか？

☐ ⑨ 地図なんて持ってたりする？

☐ ⑩ 今何時かわかったりします？
　　　ヒント：今何時ですか？= Do you have the time?

① **Do you have** a guidebook?

② **Do you have** a fever?

③ **Do you have** a few minutes?

④ **Do you have** an e-mail address?

⑤ **Do you have** a fingernail clipper?

⑥ **Do you have** any good ideas?

⑦ **Do you have** any extra copies?

⑧ **Do you have** another ticket for me?

⑨ **Do you happen to have** any maps?

⑩ **Do you happen to have** the time?

5

Do you know ~?

~をご存じですか?

— 基本フレーズ ——

Do you know where the gift shop is?

お土産物屋がどこにあるかご存じですか?

Do you know ~? は、「~をご存じですか?」という意味のフレーズです。よく **Do you know where ~?**(~はどこかご存じですか?)のように、5W1H(**where/when/who/what/why/how**)を使った文と組み合わせて使用されます。その場合、主語と動詞の位置が入れ替わり、「主語+動詞」の語順になります(間接疑問文)。例)Do you know? + Where **is the hospital**? → Do you know where **the hospital is**?

プラスアルファ

もうひとつネイティブがよく使うのは **You wouldn't know ~, would you?** というパターン。You wouldn't know where the police station is, would you?(どこに警察があるかご存じだったりします?)というように、少し丁寧な言い方です。

PART 1　海外旅行が10倍楽しくなるパターン20

> このパターンでこんなことが言えます！

Do you know Japanese?
日本語がわかりますか？

Do you know the name of that building?
あの建物の名前をご存じですか？

Do you know the time in London?
ロンドンの現地時刻がわかりますか？

Do you know the way to London Bridge?
ロンドン橋への行き方をご存じですか？

Do you know where we are now?
(地図を見せながら)今、私たちがどこにいるかわかりますか？

Do you know what time the show starts?
何時開演かご存じですか？

Do you know why the train is late?
なぜ電車が遅れているかご存じですか？

Do you know of a good restaurant near here?
このあたりで、どこかいいレストランを知りませんか？

Do you know ~?　~をご存じですか？

- [ ] ① いい歌を知りませんか？

- [ ] ② あの木の名前をご存じですか？

- [ ] ③ 飛行機の遅延の理由をご存じですか？

- [ ] ④ 彼の部屋番号をご存じですか？

- [ ] ⑤ 郵便局がどこにあるかご存じですか？

- [ ] ⑥ 何時に銀行が開くかご存じですか？

- [ ] ⑦ そこへの一番早い行き方をご存じですか？

- [ ] ⑧ 夕暮れを見るのに最適な場所をご存じですか？

- [ ] ⑨ このあたりで、どこか中華料理店をご存じないですか？

- [ ] ⑩ これは誰が描いたものか、ご存じだったりします？

① **Do you know** a good song?

② **Do you know** the name of that tree?

③ **Do you know** the reason the plane is late?

④ **Do you know** what his room number is?

⑤ **Do you know** where the post office is?

⑥ **Do you know** what time the banks open?

⑦ **Do you know** the fastest way to get there?

⑧ **Do you know** the best place to see the sunset?

⑨ **Do you know** of any Chinese restaurants near here?

⑩ **You wouldn't know** who painted this, **would you?**

6

Can I ~?

~してもいいですか？

基本フレーズ

Can I use your bathroom?
トイレをお借りしてもいいですか？

Can I ＋[動詞の原形]~? は、相手に許可を求めるときに使うフレーズです。「～してもいいかな？」とカジュアルなニュアンスでネイティブがよく使います。例）Can I come in?（入ってもいいかな？）

注意！

「トイレを借りる」ときは、**Can I use ~?** を使います。日本語を直訳して Can I borrow the bathroom? と言ってしまうと、もしかしたら断られてしまうかもしれません。なぜなら、**borrow** は、その場所から移動させて使いたいときに使うことが多い単語だからです。固定されている「トイレ」「電話」「洗濯機」などを借りるときは **use** を使います。

PART 1　海外旅行が10倍楽しくなるパターン20

このパターンでこんなことが言えます！

Can I smoke here?
ここでタバコを吸ってもいいですか？

Can I pay by credit card?
クレジットカードで支払ってもいいですか？

Can I try this on?
これを試着してもいいですか？

Can I ask you something?
ちょっとお尋ねしてもいいですか？

Can I check in a little early?
少し早くチェックインしてもいいですか？

Can I sleep in tomorrow?
明日、遅くまで寝ててもいいですか？
＊sleep in　休日などに遅くまで寝ていること

Can I see your dessert menu?
デザートメニューを見せてもらえますか？

Can I buy you a drink?
一杯おごらせてもらってもいいかな？

Can I ~? ~してもいいですか？

□ ① ここに座ってもいいですか？

□ ② 犬をつれていってもいいですか？

□ ③ ここで写真を撮ってもいいですか？

□ ④ スミスさんと話をしてもいいですか？

□ ⑤ 会議室を予約してもいいですか？

□ ⑥ 夕食の前にお風呂に入ってもいいですか？

□ ⑦ スーツケースを運ぶのを手伝ってもいいですか？

□ ⑧ 病院にいる彼女を訪ねてもいいですか？

□ ⑨ あなたの姉(妹)をデートに連れていってもいいですか？

□ ⑩ ガソリン代を払えば、車を借りてもいいですか？
ヒント：ガソリン代を払う= pay for gas

① **Can I** sit here?

② **Can I** bring my dog?

③ **Can I** take pictures here?

④ **Can I** talk to Mr. Smith?

⑤ **Can I** reserve a meeting room?

⑥ **Can I** take a bath before dinner?

⑦ **Can I** help you carry your suitcases?

⑧ **Can I** visit her in the hospital?

⑨ **Can I** take your sister on a date?

⑩ **Can I** borrow your car if I pay for the gas?

関連パターン

May I ~?

~してもよろしいですか？

— 基本フレーズ —

May I open the window?
窓を開けてもよろしいですか？

May I ~? も同じく許可を求めるときに使えるパターンですが、**Can I ~?** よりも丁寧でかしこまった言い方になります。たいてい目上の人にへりくだってお願いするときに使います。

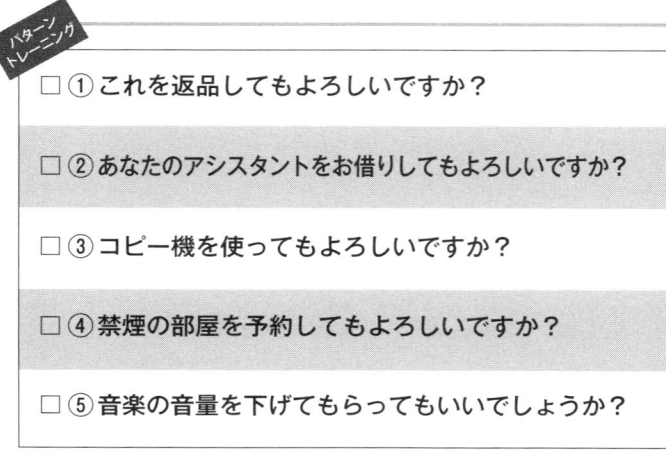

パターントレーニング

☐ ① これを返品してもよろしいですか？

☐ ② あなたのアシスタントをお借りしてもよろしいですか？

☐ ③ コピー機を使ってもよろしいですか？

☐ ④ 禁煙の部屋を予約してもよろしいですか？

☐ ⑤ 音楽の音量を下げてもらってもいいでしょうか？

PART 1　海外旅行が10倍楽しくなるパターン20

> **このパターンでこんなことが言えます！**

May I have your name, please?
お名前をうかがってもよろしいですか？

May I have Monday off?
月曜日お休みしてもよろしいでしょうか？

May I help you?
(お店で店員が)いらっしゃいませ。

May I ask you to switch seats with me?
私と席を代わってもらってもいいでしょうか？

---

① **May I** return this?

② **May I** borrow your assistant?

③ **May I** use your copy machine?

④ **May I** reserve a non-smoking room?

⑤ **May I** ask you to turn down the music?

7

Should I ~?

～したほうがいいですか？

基本フレーズ

Should I wait here?

ここで待ったほうがいいですか？

---

should で「〜するべき」「〜したほうがいい」。**Should I ~?** で「〜したほうがいいかな？」という意味の言い回しです。自分がどうしようか迷っているようなときや、どうしたらいいかわからず不安なときなどに、誰かの意見やアドバイスを求める言い方として使えます。逆に、困っている人に助け舟を出すときにも、Should I go with you?（一緒に行こうか？）のように使います。

プラスアルファ

Should we ~? も、ネイティブがとてもよく使うパターンです。これは、**Should we bring something for the party?**（パーティーになんか持っていったほうがいいかな？）のように、「〜したほうがいいかな？」「〜しておく？」というソフトな提案表現です。

PART 1　海外旅行が10倍楽しくなるパターン20

このパターンでこんなことが言えます！

Should I go first?
先に行ったほうがいいですか？

Should I leave a little early?
少し早く出たほうがいいですか？

Should I make a reservation for dinner?
ディナーの予約を取ったほうがいいですか？

Should I wear a jacket today?
今日、ジャケットを着たほうがいいですか？

Should I ask the police for help?
警察に助けを求めたほうがいいですか？

Should I forward the e-mail to you?
あなたにそのメールを転送しましょうか？

Should we order one more pizza?
ピザをもうひとつ注文したほうがいいかな？

Should we wait a little longer?
もう少し待ったほうがいいかな？

パターントレーニング

Should I ~?　　～したほうがいいですか？

- ☐ ① 急いだほうがいいですか？

- ☐ ② 新しいパソコンを買ったほうがいいですか？

- ☐ ③ もっとゆっくり運転したほうがいいですか？

- ☐ ④ 明日、早く起きたほうがいいですか？

- ☐ ⑤ ロンドンまで電車で行ったほうがいいですか？

- ☐ ⑥ 値切ったほうがいいですか？
  ヒント：割引を求める= ask for a discount

- ☐ ⑦ 彼女にタクシーを呼んであげたほうがいいですか？

- ☐ ⑧ 今日の午後の会議に出席したほうがいいですか？
  ヒント：会議に出席する= attend the meeting

- ☐ ⑨ 壊れたエアコンについて苦情を言ったほうがいいですか？
  ヒント：壊れたエアコン= broken air conditioner

- ☐ ⑩ 休憩したほうがいいかな？

① **Should I** hurry?

② **Should I** buy a new computer?

③ **Should I** drive slower?

④ **Should I** wake up early tomorrow?

⑤ **Should I** take the train to London?

⑥ **Should I** ask for a discount?

⑦ **Should I** call her a taxi?

⑧ **Should I** attend the meeting this afternoon?

⑨ **Should I** complain about the broken air conditioner?

⑩ **Should we** take a break?

8

Could you ~?

～していただけますか？

― 基本フレーズ ―

Could you call me a cab?
タクシーを呼んでいただけますか？

Could you ~? は、相手に何かを依頼するときの定番の表現です。**Can you ~?** も同じくよく使われる依頼の表現ですが、Could you ~? に比べて断られても平気な場合に気軽に使います。逆に、**Would you ~?** は、Could you ~? よりもやや必死さが込められていて、「できれば断らないでね」というニュアンスが含まれます。ちょっとキツめのニュアンスになるので、親しい人以外には Could you ~? を使ったほうが無難でしょう。

> **プラスアルファ**
>
> **Could [Would] you do me a favor?** は「お願いをしてもいい？」という意味で、ちょっとした頼みごとをするときにネイティブが日常会話でとてもよく使う表現です。

PART 1　海外旅行が10倍楽しくなるパターン20

> **このパターンでこんなことが言えます！**

Could you call Mr. Roberts?
ロバーツさんをお願いできますか？

Could you drive me to the airport?
空港まで送っていただけますか？

Could you help me find the station?
駅を探していただけますか？

Could you take a picture of us?
私たちの写真を撮っていただけますか？

Could you forward that e-mail to me?
そのメールを私に転送していただけますか？

Could you ask her to call me back?
彼女に折り返し電話をしてもらえるようお伝えいただけますか？

Can you change my reservations?
予約の変更ってできます？

Would you cancel my reservations?
なんとか予約を取り消してもらえませんか？

パターン
トレーニング

Could you ~? ～していただけますか？

☐ ① 私を手伝っていただけますか？

☐ ② 伝言をお願いできますか？

☐ ③ 病院まで送っていただけますか？

☐ ④ ABCホテルを探していただけますか？

☐ ⑤ このレポートの要約をお願いできますか？
　　　ヒント：要約する= summarize

☐ ⑥ グリーンさんに私を紹介していただけますか？

☐ ⑦ この単語の意味を教えていただけますか？

☐ ⑧ ちょっとカバンを見ていてもらえます？
　　　ヒント：少しの間= for a moment

☐ ⑨ 私と結婚してもらえませんか？

☐ ⑩ なんとか今すぐ来てもらえないですかね？

PART 1　海外旅行が10倍楽しくなるパターン20

① **Could you** help me?

② **Could you** take a message?

③ **Could you** drive me to the hospital?

④ **Could you** help me find ABC Hotel?

⑤ **Could you** summarize this report?

⑥ **Could you** introduce me to Mr. Green?

⑦ **Could you** tell me what this word means?

⑧ **Can you** watch my bags for a moment?

⑨ **Would you** marry me?
※断られたら困るので、プロポーズのときは Would you を使います。

⑩ **Would you** come right now?

関連パターン

Could you tell me ~?

~を教えていただけますか?

― 基本フレーズ ―

Could you tell me what's in this?
(レストランの料理に対して)何が入っているか教えてもらえますか?

自分がわからないことについて、誰かに尋ねるときの丁寧な表現パターンです。**Could you tell me where the nearest gas station is?**(一番近いガソリンスタンドはどこか教えてもらえますか?)のように、間接疑問文を使いこなすのが丁寧な表現をするコツです!

パターントレーニング

□ ① もう一度出発時刻を教えていただけますか?
　　ヒント:出発時刻= the departure time

□ ② 何曜日か教えていただけますか?
　　ヒント:何曜日ですか?= What day is it?

□ ③ 次の電車がいつ来るか教えていただけますか?

□ ④ この商品がいくらなのか教えていただけますか?

□ ⑤ 自転車を借りられるところを教えていただけますか?

PART 1　海外旅行が10倍楽しくなるパターン20

> **このパターンでこんなことが言えます！**

Could you tell me your phone number?
あなたの電話番号を教えていただけますか？

Could you tell me how to make this?
これをどうやって作るか教えてもらえますか？

Could you tell me how much the charge is?
料金がいくらか教えていただけますか？

Could you tell me where I can have lunch?
どこでランチできるか教えてもらえますか？

---

① **Could you tell me** the departure time again?

② **Could you tell me** what day it is?

③ **Could you tell me** when the next train will come?

④ **Could you tell me** how much this item is?

⑤ **Could you tell me** where I can rent a bicycle?

9 Do you mind if I ~?

~してもかまいませんか？

--- 基本フレーズ ---

Do you mind if I smoke?

タバコを吸ってもかまいませんか？

---

mind は「気にする」「気に障(さわ)る」という意味です。**Do you mind if I ~?** は直訳すると「もし私が~したらあなたは気にしますか（イヤですか）？」ですが、会話では「~してもかまいませんか？」という許可を求める表現になります。消灯時間を過ぎた飛行機内で照明をつける、においのキツいお弁当を食べるときに隣の人に断るなど、相手にちょっとした迷惑をかけるシチュエーションで使います。

注意！

Do you mind if I ~? でややこしいのが答え方です。英語の場合、「~するのはイヤですか？」と聞いているので、許可する場合は、Yes ではなく、No を使って答えます。
例）Do you mind if I smoke here?
吸ってOK → **No**, I don't mind. /No, not at all.
吸わないでほしい→ **Yes**, I do./I'd rather you didn't.

PART 1　海外旅行が10倍楽しくなるパターン20

〈 このパターンでこんなことが言えます！ 〉

Do you mind if I have a drink?
お酒を飲んでもかまいませんか？

Do you mind if I use your phone?
電話をお借りしてもかまいませんか？

Do you mind if I borrow this umbrella?
この傘をお借りしてもかまいませんか？

Do you mind if I'm a few minutes late?
数分遅れてもかまいませんか？

Do you mind if I turn up the music?
音楽の音量を上げてもかまいませんか？

Do you mind if I take a picture of you?
あなたの写真を撮ってもかまいませんか？

Do you mind if I fly first-class?
飛行機のファーストクラスに乗ってもかまいませんか？

Do you mind if I don't attend the party?
そのパーティーに出席しなくてもかまいませんか？

パターントレーニング

Do you mind if I ~?　~してもかまいませんか？

- □ ① 窓を開けてもかまいませんか？

- □ ② あなたのパソコンを使ってもかまいませんか？

- □ ③ このイスに座ってもかまいませんか？

- □ ④ 早く寝てもかまいませんか？

- □ ⑤ 先にシャワーを浴びてもかまいませんか？

- □ ⑥ 私の部屋でランチを食べてもかまいませんか？

- □ ⑦ レポートは、月曜日に終わらせるのでもかまいませんか？

- □ ⑧ 午後のツアーには参加しなくても問題ないですか？

- □ ⑨ あなた抜きで映画を観てもかまいませんか？

- □ ⑩ あなたが到着する前にディナーを注文しても問題ないですか？

① **Do you mind if I** open a window?

② **Do you mind if I** use your computer?

③ **Do you mind if I** sit in this chair?

④ **Do you mind if I** go to bed early?

⑤ **Do you mind if I** take a shower first?

⑥ **Do you mind if I** eat lunch in my room?

⑦ **Do you mind if I** finish the report on Monday?

⑧ **Do you mind if I** skip the afternoon tour?

⑨ **Do you mind if I** see the movie without you?

⑩ **Do you mind if I** order dinner before you arrive?

10

Excuse me, but ~

すみませんが〜

基本フレーズ

Excuse me, but do you have the time?

すみませんが、今何時ですか？

通りがかりの人や面識のない人にお願いごとや質問をするときには、いきなり話し始めるのではなく、まず **Excuse me, but ~** を言うようにしましょう。そうすれば、相手を驚かすことなくスムーズに会話を切り出すことができます。

注意！

Do you have the time?（今何時ですか？）は、時間を尋ねるときの定番表現です。the を抜かして **Do you have time?** と言うと、「ちょっと時間ある〜?」とナンパフレーズにもなってしまうので要注意！

PART 1　海外旅行が10倍楽しくなるパターン20

このパターンでこんなことが言えます！

Excuse me, but do you have a pen?
すみませんが、ペンを持っていますか？

Excuse me, but could you repeat that?
すみませんが、もう一度言ってください。

Excuse me, but I think this is my seat.
すみません、そこは私の席だと思います。

Excuse me, but where's the closest hospital?
すみません、一番近い病院はどこですか？

Excuse me, but do you have this shirt in blue?
すみません、このシャツに青はありますか？

Excuse me, but could you send the e-mail one more time?
すみませんが、もう一度メールを送っていただけますか？

Excuse me, but is there a copy machine in this building?
すみません、このビル内にコピー機がありますか？

61

Excuse me, but ~ すみませんが~

- ① すみませんが、鏡はありますか？
- ② すみませんが、ワインリストはありますか？
- ③ すみませんが、ここはプラザホテルですか？
- ④ すみませんが、質問してもいいですか？
- ⑤ すみませんが、これらのリンゴはいくらですか？
- ⑥ すみませんが、動物園への行き方をご存じですか？
- ⑦ すみませんが、この電車はセントラルパーク行きですか？
- ⑧ すみません、今日は何時に閉まりますか？
- ⑨ すみませんが、ここらへんに日本食レストランはありますか？
- ⑩ すみませんが、お名前をもう一度いいですか？

① **Excuse me, but** do you have a mirror?

② **Excuse me, but** do you have a wine list?

③ **Excuse me, but** is this the Plaza Hotel?

④ **Excuse me, but** can I ask you a question?

⑤ **Excuse me, but** how much are these apples?

⑥ **Excuse me, but** do you know how to get to the zoo?

⑦ **Excuse me, but** is this the train for Central Park?

⑧ **Excuse me, but** what time do you close today?

⑨ **Excuse me, but** is there a Japanese restaurant near here?

⑩ **Excuse me, but** could you say your name once more?

11

Where's ~?

~はどこですか?

基本フレーズ

Where's the bathroom?

トイレはどこですか?

Where's は Where is を短縮した言い方で、場所などを聞くときの基本パターンです。具体的な場所を聞きたいときは Where's のあとに **the** をつけ、特定の場所でなければ **a/an** を使います。

例)(最寄りの駅など、思い描く駅がある場合)

→Where's **the** station?

(どこでもいいからコンビニなどを探している場合)

→Where's **a** convenience store?

プラスアルファ

誰かが考えられないようなドジやミスをしたとき、ネイティブはよく「何を考えてるんだ?」という意味で、**Where's your head (at)?** という表現を使います。「頭はどこについてんだ?」というニュアンスです。

PART 1　海外旅行が10倍楽しくなるパターン20

このパターンでこんなことが言えます！

Where's an ATM?
ATMはどこですか？

Where's my seat?
(飛行機内などで)私の席はどこですか？

Where's the lost and found?
遺失物保管所はどこですか？

Where's the tourist information center?
観光案内所はどこですか？

Where's the ticket counter for Air France?
エールフランスのチケットカウンターはどこですか？

Where's the perfume department?
香水売り場はどこですか？

Where's this bus going?
このバスはどこに行くの？

Where's a good spot to watch the parade?
パレードを観るのにいいスポットはどこですか？

パターントレーニング

| Where's ~? | ~はどこですか？ |

- ① ゴミ箱はどこですか？
  ヒント：ゴミ箱= garbage can

- ② 私の車はどこですか？

- ③ 私たちのツアーガイドはどこですか？

- ④ 奥さんはどちらですか？

- ⑤ 一番近い出口はどこですか？

- ⑥ あなたのお荷物はどこですか？

- ⑦ リモコンはどこですか？
  ヒント：リモコン= remote

- ⑧ 彼はどこに行くのですか？

- ⑨ ミーティングはどこで開かれていますか？

- ⑩ 私がデスクに置いておいたファイルはどこですか？

① **Where's** the garbage can?

② **Where's** my car?

③ **Where's** our tour guide?

④ **Where's** your wife?

⑤ **Where's** the nearest exit?

⑥ **Where's** your baggage?

⑦ **Where's** the remote?

⑧ **Where's** he going?

⑨ **Where's** the meeting being held?

⑩ **Where's** the file I left on my desk?

12

Where can I ~?

どこで~できますか？

基本フレーズ

Where can I exchange money?
どこで両替ができますか？

Where can I ~? で「~ができる場所はどこですか？」という意味になります。**Where can I find ~?**（~はどこで見つけることができますか？＝~はどこにありますか？）／ **Where can I see ~?**（~はどこで見られますか？）なども旅行で使える便利フレーズです。

プラス
アルファ

サービスを受けたいときは、**Where can I get my nails done?**（どこでネイルやってもらえるかな？）のように、**Where can I get ~ ＋ [過去分詞]?** のパターンが使えます。ほかに、get one's car washed, get one's hair cut, get one's camera repaired など。

PART 1　海外旅行が10倍楽しくなるパターン20

このパターンでこんなことが言えます！

Where can I buy tickets?
どこでチケットを買えますか？

Where can I eat local food?
地元料理はどこで食べられますか？

Where can I get a taxi?
タクシーはどこで拾えますか？

Where can I get a cheap meal?
安くごはんを食べられるところはどこですか？

Where can I get some nice souvenirs?
どこでいいお土産を買えるでしょうか？

Where can I get a drink?
どこで飲めますか？

Where can I find a public telephone?
公衆電話はどこですか？

Where can I get my computer fixed?
どこで私のパソコンを直してもらえますか？

パターントレーニング

Where can I ~?　どこで~できますか?

- □ ① どこでタバコが吸えますか?

- □ ② 夕暮れはどこで見られますか?

- □ ③ どこで手を洗えますか?

- □ ④ クーポンはどこで手に入りますか?

- □ ⑤ どこで免税のお土産が手に入りますか?
  ヒント:免税のお土産= duty-free souvenirs

- □ ⑥ 電車の時刻表はどこで手に入りますか?
  ヒント:電車の時刻表= train schedule

- □ ⑦ この地域の地図はどこで手に入りますか?

- □ ⑧ どこでいいヘアカットをしてもらえますか?

- □ ⑨ どこで私の写真を撮ってもらえますか?

- □ ⑩ どこで名刺を作ってもらえますか?

① **Where can I** smoke?

② **Where can I** see the sunset?

③ **Where can I** wash my hands?

④ **Where can I** get a coupon?

⑤ **Where can I** get duty-free souvenirs?

⑥ **Where can I** get a train schedule?

⑦ **Where can I** get a map of this area?

⑧ **Where can I** get a nice haircut?

⑨ **Where can I** get my picture taken?

⑩ **Where can I** get business cards made?

13

What's ~?

~は何ですか？

基本フレーズ

What's this?
これは何ですか？

What's は What is の略。単に「～は何ですか？」と聞きたいときは、What's ～? でOKです。**What's this?** は、何だかわからない食べ物などを指さして「これは何ですか？」と人に聞くときに使えます。聞きたいものが複数形のときは **What are ~?** となります。

プラスアルファ

英語でどう言うか知りたいときや、名称が知りたいときは、**What's this in English?/What are these in English?**（これは英語で何て言いますか？）もしくは **What's this called?** というフレーズが便利です。

このパターンでこんなことが言えます！

What's the total?
合計おいくらですか？

What's the arrival time?
到着時間は？

What's "gravy"?
グレイビー（gravy）って何ですか？

What's wrong?
どうしましたか？＝何が悪いの？

What's this for?
これは何のためのもの？

What's in it?
（料理などに対して）何が入っているの？

What's your favorite wine?
あなたのお気に入りのワインは何ですか？

What are your business hours?
営業時間は？

パターントレーニング

What's ~?　　~は何ですか？

- □ ① ヴィーガン(vegan)って何？

- □ ② 気温は？

- □ ③ あなたの意見は？

- □ ④ あなたの好きな食べ物は何ですか？

- □ ⑤ この料理の名前は何ですか？

- □ ⑥ ここの電話番号は何ですか？

- □ ⑦ ホテルの名前は何でしたっけ？

- □ ⑧ あれは英語で何て言いますか？

- □ ⑨ 何の絵ですか？

- □ ⑩ あなたのパソコンどうしたんですか？

① **What's** "vegan"?

② **What's** the temperature?

③ **What's** your opinion?

④ **What's** your favorite food?

⑤ **What's** the name of this dish?

⑥ **What's** the phone number here?

⑦ **What's** the hotel's name again?

⑧ **What's** that in English?

⑨ **What's** the painting of?

⑩ **What's** wrong with your PC?

関連パターン

What's the ~(最上級) ...?

一番~な…は何ですか？

— 基本フレーズ —

What's the fast**est** way to the station?

駅への一番早い行き方は何かな？

What's the ~(最上級) ...? は、fastest, best, coldest, easiest のように最上級の形で用いて、「一番~な…は何ですか？」と尋ねるときによく使うパターン。最も効率のよいやり方・行き方や、お買い得・オススメの品などを聞くときに便利ですので覚えておきましょう。

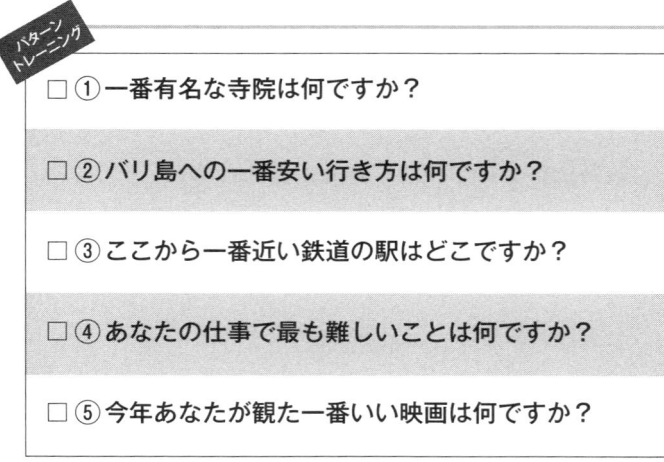

パターントレーニング

☐ ① 一番有名な寺院は何ですか？

☐ ② バリ島への一番安い行き方は何ですか？

☐ ③ ここから一番近い鉄道の駅はどこですか？

☐ ④ あなたの仕事で最も難しいことは何ですか？

☐ ⑤ 今年あなたが観た一番いい映画は何ですか？

PART 1　海外旅行が10倍楽しくなるパターン20

> このパターンでこんなことが言えます！

What's the best restaurant near here?
このあたりで一番オススメのレストランは？

What's the easi**est** way to the museum?
美術館への最も簡単な行き方は何ですか？

What's the tasti**est** thing on the menu?
メニューの中で一番おいしいものは何ですか？

What's the cheap**est** way to send this?
これを送る最も安い方法は何ですか？

---

① **What's the most** famous temple?

② **What's the** cheap**est** way to Bali?

③ **What's the** clos**est** train station from here?

④ **What's the most** difficult part of your job?

⑤ **What's the best** movie you've seen this year?

14

What kind of ~ do you have?

どんな(種類の)~がありますか?

基本フレーズ

What kind of beers do you have?

どんな種類のビールがありますか?

What kind of ~ do you have? は、お店やレストランに入ったときなどに、どんな種類があるかを聞くときに使えます。~の部分に聞きたい対象を入れますが、品物やメニューといった「モノ」だけではなく、**What kind of image do you have?**(どんなイメージをお持ちですか?)のように「アイデア」や「思考」などにも使うことができます。

プラスアルファ

do you have? の部分を変えて使い回すこともできます。表現の幅が一気に広がります。

例) What kind of fashion **do you like?**
(どんなファッションが好きですか?)
What kind of songs **do you sing?**
(どんな歌を歌うんですか?)

このパターンでこんなことが言えます！

What kind of colors **do you have?**
どんな色がありますか？

What kind of drinks **do you have?**
どんな種類の飲み物がありますか？

What kind of red wines **do you have?**
どんな種類の赤ワインがありますか？

What kind of rental cars **do you have?**
どんな種類のレンタカーがありますか？

What kind of credit cards **do you accept?**
どんなクレジットカードが使えますか？

What kind of food **do you like?**
どんな食べ物が好きですか？

What kind of car **do you drive?**
どんな車を運転していますか？

What kind of clothes **do you** usually **buy?**
普段どんな服を買いますか？

パターン
トレーニング

| What kind of ~ do you have? | どんな(種類の)~がありますか? |

- □ ① どんな種類のお茶がありますか?
- □ ② どんな種類のデザートがありますか?
- □ ③ どんな種類のチーズがありますか?
- □ ④ どんな種類の雑誌がありますか?
- □ ⑤ どんな種類のツアーがありますか?
- □ ⑥ どんな種類の割引がありますか?
- □ ⑦ どんな音楽が好きですか?
- □ ⑧ どんな映画が好きですか?
- □ ⑨ どんな本を読みますか?
- □ ⑩ どんなお店へ行きたいですか?

① **What kind of** teas **do you have?**

② **What kind of** desserts **do you have?**

③ **What kind of** cheeses **do you have?**

④ **What kind of** magazines **do you have?**

⑤ **What kind of** tours **do you have?**

⑥ **What kind of** discounts **do you have?**

⑦ **What kind of** music **do you like?**

⑧ **What kind of** movies **do you like?**

⑨ **What kind of** books **do you read?**

⑩ **What kind of** shops **do you want to go to?**

15 What does ~ mean?

~はどういう意味ですか？

― 基本フレーズ ―
What does this word mean?
この言葉はどういう意味ですか？

What does ~ mean? は、自分の知らない単語や表現などの意味、定義などを人に質問するときに使えるパターンです。~の部分に聞きたいことを入れるだけでOK。また、**What does that smile mean?**（あの笑みは何を意味するんだろう？）のように、何かの理由や原因を知りたいときにも使えます。

プラスアルファ

> 相手の発言に対して納得がいかず、「～ってどういう意味？」と問い質したいときには、**What do you mean by ~?** という言い方が使えます。
> 例）**What do you mean by "bad girl"!?**
> （「悪い女」ってどういうこと？）

PART 1　海外旅行が10倍楽しくなるパターン20

＜　このパターンでこんなことが言えます！　＞

What does "temporary" mean?
"temporary"とはどういう意味ですか？

What does "LOL" mean?
"ＬＯＬ"とはどういう意味ですか？

What does this error message mean?
このエラーメッセージはどういう意味ですか？

What does this sign mean?
この標識はどういう意味ですか？

What does his expression mean?
彼のあの表情は何を意味しているんですか？

What does he mean?
彼が言っているのはどういう意味ですか？

What does she mean to you?
彼女はあなたにとってどういう存在ですか？

What do you mean by "temporary"?
「当面」というと、どれぐらいの期間のことですか？

パターントレーニング

What does ~ mean?	~はどういう意味ですか？

- ① "hangover" とはどういう意味ですか？

- ② "IPO" とはどういう意味ですか？

- ③ このデータはどういう意味ですか？

- ④ この記事はどういう意味ですか？

- ⑤ このレポートはどういう意味ですか？

- ⑥ この詩はどういう意味ですか？

- ⑦ この漢字はどういう意味ですか？
  ヒント：漢字＝ character

- ⑧ 大手町の名前の意味は何ですか？

- ⑨ あなたにとって愛とはどういう意味を持っていますか？

- ⑩ 日本人にとって英語を勉強するということはどういう意味があるのですか？

① **What does** "hangover" **mean?**

② **What does** "IPO" **mean?**

③ **What does** this data **mean?**

④ **What does** this article **mean?**

⑤ **What does** this report **mean?**

⑥ **What does** this poem **mean?**

⑦ **What does** this character **mean?**

⑧ **What does** Otemachi **mean?**

⑨ **What does** love **mean** to you?

⑩ **What does** learning English **mean** to Japanese?

関連パターン

Do you mean ~?

~ということですか?

— 基本フレーズ —

Do you mean there's no way?
無理ということですか?

これは「~ってこと?」と、相手の言ったことなどに対して自分の理解が間違っていないかを確認するときに使えるパターンです。聞く耳を疑うようなことを聞いたときに使うこともよくあります。例) **Do you mean you broke up with him?**(彼と別れたってこと?)

パターントレーニング

□ ① 不可能ということですか?

□ ② やり直したほうがいいということですか?
ヒント:やり直す= redo

□ ③ キャンセルしたいということですか?

□ ④ 彼女はクビになるということですか?

□ ⑤ 夢がついにかなったということ?

PART1　海外旅行が10倍楽しくなるパターン20

> **このパターンでこんなことが言えます！**

Do you mean it's difficult?
難しいということですか？

Do you mean I should give up?
諦めたほうがいいということですか？

Do you mean you don't like it?
気に入らないということですか？

Do you mean that?
本当に？

---

① **Do you mean** it's impossible?

② **Do you mean** I should redo it?

③ **Do you mean** you want to cancel?

④ **Do you mean** she's fired?

⑤ **Do you mean** your dream came true?

16 How much/many/far/often ~?

~はどのくらいですか？

基本フレーズ

How much is the extra charge?
追加料金はいくらかかりますか？

---

how は「程度」を表わしますので、あとに **much**（値段・量）、**many**（数）、**far**（距離）などの形容詞もしくは副詞を続けて、いろいろと聞くことができます。旅行や日常会話での情報収集に便利です。また、**How often ~?** は、「どれぐらいのペースで~しますか？」という意味で、交通機関の本数やイベントの開催頻度などを尋ねるときに使えます。

プラスアルファ

どれぐらいの頻度か尋ねるときは **How often?** とひとことで聞くことができます。
例) Could you please water my plants while I'm away?（留守中、植木に水をあげてくれる？）
How often?（どれぐらいのペースで？）

PART 1　海外旅行が10倍楽しくなるパターン20

＜　このパターンでこんなことが言えます！　＞

How much is this?
これはいくらですか？

How much is the repair cost?
修理にどれぐらいお金がかかりますか？

How much time will it take?
それにはどれぐらいの時間がかかりますか？

How many temples are there in this area?
この地域にはどれぐらいの寺院があるのですか？

How far is the castle from here?
お城へはここからどれぐらいの距離ですか？

How often do the buses come?
どれぐらいの頻度でバスは来ますか？

How often do you eat out?
どれぐらいの頻度で外食していますか？

How often do you go to the gym?
ジムへはどれぐらい通っているんですか？

89

パターントレーニング

| How much/many/far/often ~? | ~はどのくらいですか？ |

- ① お金はいくらぐらいお持ちですか？

- ② 今日はどれぐらいお時間ありますか？

- ③ お子様は何人いらっしゃいますか？

- ④ この美術館はどれぐらいの絵画を所蔵していますか？

- ⑤ このバスはどこまで行きますか？

- ⑥ ここからどれぐらい距離がありますか？

- ⑦ テニスはどれぐらいのペースでやっているんですか？

- ⑧ どれぐらいの頻度で海外旅行に行かれるのですか？

- ⑨ ここでは雨はどれぐらいの頻度で降りますか？

- ⑩ 月に何回ゴルフへ行きますか？

① **How much** money do you have?

② **How much** time do you have today?

③ **How many** children do you have?

④ **How many** paintings does this museum have?

⑤ **How far** does this bus go?

⑥ **How far** is it from here?

⑦ **How often** do you play tennis?

⑧ **How often** do you travel abroad?

⑨ **How often** does it rain here?

⑩ **How many** times do you go golfing in a month?

関連パターン

How can I ~?

どうすれば~できますか？

— 基本フレーズ —

How can I connect to the Internet?

どうすればインターネットに接続できますか？

何かの手段を知りたいときに使えるパターンです。ちなみに接客では、**How can I help you?** という言い回しをよく使います。「どうすればあなたを助けられるでしょう」が直訳ですが、接客場面では「いらっしゃいませ」「ご用件は？」という意味になります。

パターントレーニング

☐ ① これはどうやって食べればいいんですか？

☐ ② この機械はどうやって使えばいいですか？

☐ ③ どうすれば予約ができますか？

☐ ④ 地元の地図はどうすれば手に入りますか？

☐ ⑤ 空港へはどうやって行ったらいいですか？

PART1　海外旅行が10倍楽しくなるパターン20

> このパターンでこんなことが言えます！

How can I change my flight?
どうすればフライトを変更できますか？

How can I make an international call?
どうすれば国際電話をかけられますか？

How can I reach you?
あなたと連絡を取るにはどうすればいいですか？

How can I turn on the air conditioner?
エアコンはどうやってつければいいですか？

① **How can I** eat this?

② **How can I** use this machine?

③ **How can I** make reservations?

④ **How can I** get a local map?

⑤ **How can I** get to the airport?

17

I'm ~

私は〜です

基本フレーズ

I'm from Kyoto, Japan.

日本の京都出身です。

自己紹介の場面では、**I'm ~** が基本パターンです。名前や年齢、出身地や職業といった基本的なことから、**I'm a big fan of Johnny Depp.**(ジョニー・デップが大好きです)のような趣味・嗜好、プライベートなことまで、自分に関するいろいろなことを伝えられます。

プラスアルファ

I +【動詞】で「私は〜をしています」と、自分の職業の具体的な内容を伝えることができます。また、**I work for ~**(〜に勤務しています)もよく使うパターンです。

例)I work for a publishing company.
(出版社に勤務しています)

PART 1　海外旅行が10倍楽しくなるパターン20

〈 このパターンでこんなことが言えます！ 〉

I'm a system engineer.
ＳＥです。

I'm a full-time housewife.
専業主婦です。

I'm thirty-something.
30代です。

I'm in the sales department.
営業部で働いています。

I work for a trading company.
商社で働いています。

I'm a big fan of LADY GAGA.
レディ・ガガの大ファンです。

I'm into jazz music now.
今はジャズに夢中です。

I'm totally into Tohoshinki.
東方神起にハマっています。

パターントレーニング

I'm ~	私は~です

□ ① 学生です。

□ ② 東京出身です。

□ ③ 人事部で働いています。
　　ヒント：人事部= personnel department

□ ④ 商社で事務をしています。
　　ヒント：事務員= clerk

□ ⑤ 韓国系の企業で働いています。

□ ⑥ 大の音楽好きです。

□ ⑦ 今はサッカーに夢中です。

□ ⑧ アイルランド音楽に興味があります。

□ ⑨ 歌が得意です。

□ ⑩ 料理は苦手です。

① **I'm** a student.

② **I'm** from Tokyo.

③ **I'm** in the personnel department.

④ **I'm** a clerk at a trading company.

⑤ **I work** for a Korean company.

⑥ **I'm** a big fan of music.

⑦ **I'm** into soccer now.

⑧ **I'm** interested in Irish music.

⑨ **I'm** good at singing.

⑩ **I'm** not good at cooking.

18

I have ~

体の症状

基本フレーズ

I have a headache.

頭が痛いです。

体調が悪いときは、**I have** に病名を続けるだけでOK。通常、体の痛みは、**headache**(頭痛)、**stomachache**(胃痛)のように、体の部分に **ache** をつけて表現します。**I have a pain in my ~.** と~の部分に体の部位を入れるパターンもあります。ちなみに、「病気になった」と言うときは、**I fell ill.** や、**I got sick.** という言い方をします。

プラスアルファ

痛みの度合いの表現も知っておくと、いざというときに的確に伝えることができますので、覚えておきましょう。**severe**(激しい)、**sharp**(鋭い)、**griping**(圧迫感のある)、**stinging**(刺すような)、**dull**(鈍い)、**uncomfortable**(ちょっと不快な)
例) I have a dull pain in my back.
(背中に鈍い痛みがあります)

PART 1　海外旅行が10倍楽しくなるパターン20

このパターンでこんなことが言えます！

I have a muscle ache.
筋肉痛です。

I have a little stomachache.
少しお腹が痛いです。

I have a fever.
熱があります。

I have chills.
寒気がします。

I have jet lag still.
時差ボケです。

I have a hangover.
二日酔いです。

I have a stiff lower neck.
肩が凝っています。

I have a runny nose.
鼻水が出ます。

I have ~   体の症状

□ ① 首が痛いです。

□ ② 背中に痛みがあります。

□ ③ 膝が少し痛いです。

□ ④ 下痢です。
ヒント：下痢 = diarrhea

□ ⑤ 微熱があります。
ヒント：微熱 = slight fever

□ ⑥ 目の疲れを感じます。
ヒント：目の疲れ = eye strain

□ ⑦ 軽い花粉症です。
ヒント：花粉症 = hay fever

□ ⑧ ひどい切り傷があります。
ヒント：切り傷 = cut

□ ⑨ 血圧が低いです。
ヒント：血圧 = blood pressure

□ ⑩ 咳が出ます。
ヒント：咳 = cough

① **I have** a neck ache.

② **I have** a pain in my back.

③ **I have** a little pain in my knees.

④ **I have** diarrhea.

⑤ **I have** a slight fever.

⑥ **I have** eye strain.

⑦ **I have** a little hay fever.

⑧ **I have** a bad cut.

⑨ **I have** low blood pressure.

⑩ **I have** a cough.

19

It's +[形容詞]

料理や景色の感想など

基本フレーズ

It's too spicy.
辛すぎる。

It's ~ は、話し手と聞き手が同じものを見ている、もしくはある事柄について話し合っているなど、話の対象を共有しているときに「これは~だね」と自分の感想を述べるときに使うパターンです。料理の感想を述べるときもこのパターンでOK。「おいしいね」「小さいね」などと日本語では主語を省略して感想を述べるようなときに、英語では代わりに代名詞の **it** を使って表現します。**It's too ~** は批判的な表現のときに使います。

プラスアルファ

料理に対して、あまり批判的なことをズバッと言いすぎると楽しい雰囲気が台無しになることも。そんなときに便利なのが、**Maybe it's a little too ~ for me.** という言い方。「私にはちょっと~かも」とやんわり自分の感想を伝えることができます。

PART 1　海外旅行が10倍楽しくなるパターン20

このパターンでこんなことが言えます！

It's amazing!
すばらしい。

It's fantastic!
すごい！

It's good.
おいしいです。

It's too salty.
しょっぱすぎます。

It's not sweet enough.
甘みが足りません。

It's kind of sour.
少しすっぱいです。

It's still a little raw.
まだ完全に火が通っていません。

Maybe it's a little too sweet **for me.**
私にはちょっと甘すぎるかも。

パターントレーニング

It's +[形容詞] 料理や景色の感想など

- ① 美しい。

- ② 信じられない！

- ③ ジューシーです。

- ④ 歯ごたえがいいです。
  ヒント：歯ごたえがいい= crunchy

- ⑤ 本当においしいです。

- ⑥ 濃すぎます。
  ヒント：濃い= thick

- ⑦ 薄すぎます。

- ⑧ ちょっと焼き過ぎです。
  ヒント：焼き過ぎ= overdone

- ⑨ 噛むのが大変です。
  ヒント：噛む= chew

- ⑩ 私にはちょっと辛すぎるかも。

① **It's** beautiful.

② **It's** unbelievable!

③ **It's** juicy.

④ **It's** crunchy.

⑤ **It's** really good.

⑥ **It's too** thick.

⑦ **It's too** thin.（スープの場合）/
It's too weak.（コーヒーや紅茶の場合）

⑧ **It's** a little overdone.

⑨ **It's** difficult to chew.

⑩ **Maybe it's a little too** spicy **for me.**

関連パターン

That sounds ~

~そうですね

基本フレーズ

That sounds interesting.

おもしろそうですね。

That sounds ~ は、相手から聞いたことに対して感じたことや意見を述べるときのパターン。ネイティブはよくthat を省略して **Sounds ~** と言います（よりカジュアルな印象）。また sounds のあとに **like** を入れると、「それは～かもね」とソフトなニュアンスになります。

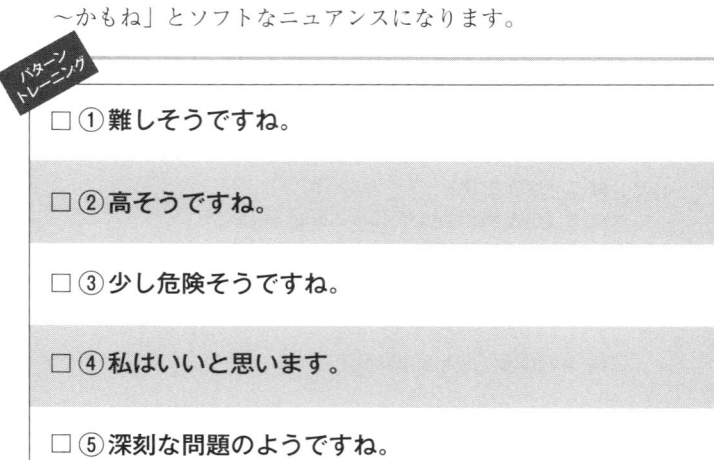

パターントレーニング

☐ ① 難しそうですね。

☐ ② 高そうですね。

☐ ③ 少し危険そうですね。

☐ ④ 私はいいと思います。

☐ ⑤ 深刻な問題のようですね。

PART 1　海外旅行が10倍楽しくなるパターン20

> このパターンでこんなことが言えます！

That sounds fun.
楽しそうですね。

Sounds great!
それいいね！

That sounds really dangerous.
とても危険そうですね。

That sounds like a great idea.
すばらしい考えかもね。

① **That sounds** difficult.

② **That sounds** expensive.

③ **That sounds** a little dangerous.

④ **That sounds** good to me.

⑤ **That sounds** like a serious problem.

20

Thanks for ~

~(してくれて)ありがとう

— 基本フレーズ —
Thanks for calling.
お電話ありがとう。

Thanks for ~ で「~(してくれて)ありがとう」という意味の、フレンドリーなお礼フレーズです。Thank you. を連発するのではなく、時にはこのように具体的にお礼が言えると好印象です。**for** のあとには名詞、もしくは **ing** を使って、してくれた行為へのお礼を述べることができます。

プラス
アルファ

同じお礼の表現に **I appreciate ~**(~〈してくれて〉ありがたいです)というパターンがありますが、感謝の度合いが高く、より丁寧にお礼を述べたいときに使います。特にビジネスでよく使われるパターンです。

> **このパターンでこんなことが言えます！**

Thanks for your e-mail.
メールありがとう。

Thanks for waiting.
待っていてくれてありがとう。

Thanks for everything.
いろいろとありがとう。

Thanks for the ride.
乗せてくれてありがとう。

Thanks for showing me around.
私を案内してくれてありがとう。

Thanks for letting me know.
ご報告ありがとう。

I appreciate all your kindness.
ご親切とてもありがたいです。

I appreciate your time today.
今日はお時間を割いていただき、ありがとうございます。

Thanks for ~   ～(してくれて)ありがとう

- □ ① お土産ありがとう。

- □ ② お手伝いありがとう。

- □ ③ アドバイスありがとう。

- □ ④ 来てくれてありがとう。

- □ ⑤ 立ち寄ってくれてありがとう。
  ヒント：立ち寄る= drop by

- □ ⑥ 思い出させてくれてありがとう。

- □ ⑦ お気遣いありがとう。
  ヒント：お気遣い= thoughtfulness

- □ ⑧ 私たちにサンプルを送ってくれてありがとう。

- □ ⑨ 感謝いたします。

- □ ⑩ 助けていただき、どうもありがとうございます。

① **Thanks for** the souvenirs.

② **Thanks for** your help.

③ **Thanks for** your advice.

④ **Thanks for** coming.

⑤ **Thanks for** dropping by.

⑥ **Thanks for** reminding me.

⑦ **Thanks for** your thoughtfulness.

⑧ **Thanks for** sending us the samples.

⑨ **I appreciate** it.

⑩ **I appreciate** your help.

PART 2

微妙な気持ちも伝えられる!
コミュニケーションが円滑になるパターン20

21

I hope ~

~だといいです

基本フレーズ

I hope this is okay.

これで大丈夫だといいのですが。

I hope ~ で「~だといいです」と未来への期待を込めた自分の願望を表わします。同じ願望を表わす **I want ~** よりもさらに切実なニュアンスが含まれます。カジュアルな会話では、主語を省略し、**Hope you feel better soon.**（早くよくなるといいね）のように、**Hope** から始めてもOKです。

注意!

たまに I hope + [名詞] という間違った使い方を見かけますが、正しくは、**I hope + 主語 + 動詞**、もしくは、**I hope to + [動詞の原形]** というパターンになります。

例) × I hope a promotion.
　　○ I hope I get a promotion.

PART2　コミュニケーションが円滑になるパターン20

このパターンでこんなことが言えます！

I hope you like this souvenir.
このお土産を気に入ってくれるといいんですが。

I hope you're not angry.
あなたが怒っていないといいのですが。

I hope so.
そう願います。

I hope it won't rain tomorrow.
明日雨が降らないといいですね。

I hope this helps.
これがお役に立てばうれしいです。

I hope I didn't wake you up.
起こしてしまったのならごめんなさい。

I hope to have your response soon.
早急にお返事をいただければ幸いです。

Hope you can take a vacation.
休みがとれるといいね。

パターントレーニング

I hope ~ 　　　~だといいです

- □ ① 仕事が見つかるといいですね。
- □ ② すぐに到着すればいいですね。
- □ ③ 間に合えばいいのですが。
- □ ④ うまくいくといいのですが。
- □ ⑤ お話の邪魔はしたくないのですが。
- □ ⑥ いろいろ順調にいくといいですね。
- □ ⑦ これであなたの疑問が解消できるといいです。
- □ ⑧ いつか俳優になりたい。
- □ ⑨ 大問題じゃないといいんだけど。
- □ ⑩ ヤンキースがワールドシリーズで優勝するといいね!

① **I hope** you get a job.

② **I hope** we arrive soon.

③ **I hope** we're not late.

④ **I hope** it goes well.

⑤ **I hope** I'm not interrupting.

⑥ **I hope** everything goes smoothly.

⑦ **I hope** this has cleared up your doubts.

⑧ **I hope** to become an actor someday.

⑨ **Hope** it's not serious.

⑩ **Hope** the Yankees win the World Series!

22

I think ~

~と思います

基本フレーズ

I think that's a great idea.

すばらしい案だと思います。

---

think は「考える」「思う」という意味ですので、**I think ~** で「私は~と思う」と自分の意見を述べるときに使います。ただ、日本語では「~と思う」は、「行けないと思う」のように発言をやわらげるときに使いますが、I think は、自分の意見をはっきり述べるときによく使います。

プラスアルファ

英語で think（思う）、believe（思う、信じている）、suppose（思う）などを使って否定をするとき、**I think it's not possible.** と言うよりも、**I don't think it's possible.** のように動詞を否定する言い方のほうが好まれます。

PART2　コミュニケーションが円滑になるパターン20

このパターンでこんなことが言えます！

I think this museum is fantastic.
この美術館はすばらしいと思います。

I think I'll take a bus tour.
バスツアーに行こうと思います。

I think we're lost.
私たちは道に迷ったと思います。

I think it costs too much.
ちょっと高すぎると思います。

I think it's already closed.
もう閉まっていると思います。

I think it's going to rain.
雨が降ると思います。

I think we should do it tomorrow.
明日やったほうがいいと思います。

I don't think it's worth the effort.
やっても無駄だと思います。

パターントレーニング

I think ~   ～と思います

☐ ① あなたは正しいと思います。

☐ ② このプロジェクトは難しすぎると思います。

☐ ③ 彼はうそをついていると思います。

☐ ④ 今日は早く出ようと思います。

☐ ⑤ あなたはそれを気に入ると思います。

☐ ⑥ 壊れているようです。

☐ ⑦ テストはきっと簡単だと思います。

☐ ⑧ 新幹線を使うほうが早いと思います。
　　ヒント：新幹線= bullet train

☐ ⑨ 昨日のほうが寒かったと思います。

☐ ⑩ あなたは行くべきではないと思います。

① **I think** you're right.

② **I think** this project is too tough.

③ **I think** he's lying.

④ **I think** I'll leave early today.

⑤ **I think** you're going to like it.

⑥ **I think** it's broken.

⑦ **I think** this test is going to be easy.

⑧ **I think** the bullet train is faster.

⑨ **I think** yesterday was colder.

⑩ **I don't think** you should go.

23

I need to ~

~しなくてはいけない

基本フレーズ

I need to leave by 5:00.

5時までには出ないといけません。

I need to に動詞を続けて、「~しないと」「~しなくては」という意味のパターンです。必要性とともに、「~したい」という自分の希望が含まれます。**I have to ~** もほぼ同じ意味で使われますが、必要に迫られてそうしなくてはいけない「状態」にある場合に使い、話し手のイヤイヤな気持ちが含まれます。

プラスアルファ

I need to ~ は、**I need to get this report by tomorrow afternoon.**（明日の午後までにはその報告書が必要です）のように、相手への命令として使うこともあります。You must finish this report by tomorrow afternoon.（明日の午後までにその報告書を終わらせなさい）とダイレクトに言うよりも、相手を圧迫するニュアンスが軽減されます。

このパターンでこんなことが言えます！

I need to go now.
もう行かなきゃ。

I need to go to the bathroom.
お手洗いに行きたい。

I need to change my reservation.
予約を変更しなくてはいけない。

I need to see a doctor.
医者に診てもらわなければいけない。

I need to be at the airport around 4:00.
4時前後には空港にいなければいけない。

I need to talk to Mr. Wilson immediately.
今すぐにウィルソンさんと話さなくては。

I need to meet my quota.
ノルマを果たさなくてはいけない。

I need to lose some weight.
ダイエットをしなければいけない。

パターントレーニング

I need to ~   ～しなくてはいけない

□ ① 新しい服を買わないとな。

□ ② フライトをキャンセルしないと。

□ ③ スキルを磨かなくてはいけない。

□ ④ 履歴書を更新しなければいけない。
　　ヒント：履歴書= resume

□ ⑤ 私の通訳をしてくれる人を見つけなくてはいけない。

□ ⑥ もっと仕事で自己主張しなくてはいけない。
　　ヒント：自己主張をする= be assertive

□ ⑦ これを売り込まなければいけない。

□ ⑧ 夫を駅に車で送らないと。

□ ⑨ 手術を受けなければいけない。

□ ⑩ 私が8時までそこに居る必要はない。

① **I need to** buy some new clothes.

② **I need to** cancel my flight.

③ **I need to** improve my skills.

④ **I need to** update my resume.

⑤ **I need to** find someone to translate for me.

⑥ **I need to** be more assertive at work.

⑦ **I need to** make this sale.

⑧ **I need to** drive my husband to the station.

⑨ **I need to** have an operation.

⑩ **I don't need to** be there until 8:00.

24

I want you to ~

あなたに～してもらいたい

基本フレーズ

I want you to return by 1:00.

1時までに戻ってきてね。

I want you to ~ は「あなたに～してもらいたい」という意味で、主に親しい人や同僚、部下に対して使う、やや強めの命令表現です。目上の人などにもう少し丁寧に言いたい場合は、**I'd like you to ~** が使えます。ただ、**I want you to be happy.**（あなたには幸せでいてほしい）のような、あなた自身のポジティブな願いを表わす場合は、誰に使っても大丈夫です。

プラスアルファ

> **Do you want me to ~?** は人助けのときに使えるフレーズです。「私に～してほしいですか？」つまり「～しましょうか？」と救いの手を差し出すときに使えるひとことです。
> 例) Do you want me to drive? (私が運転しようか？)

PART 2　コミュニケーションが円滑になるパターン20

このパターンでこんなことが言えます！

I want you to rewrite this report.
この報告書を書き直してください。

I want you to send an invoice.
請求書を送ってください。

I want you to fax this.
これをファックスで送って。

I want you to do a good job.
がんばってね。

I want you to know one thing.
ひとつ知っておいてもらいたいことがある。

I want you to promise me.
私に約束して。

I want you to be careful.
もっと気をつけてほしいです。

I want you to apologize!
謝ってもらいます！

パターントレーニング

I want you to ~ あなたに~してもらいたい

- ① この絵をぜひ見てもらいたい。

- ② もっと一生懸命働いてほしい。

- ③ ある人に会ってもらいたい。

- ④ このプレゼントをもらってほしい。

- ⑤ これを考え直してもらいたい。
  ヒント:~を考え直す= think ~ over

- ⑥ がんばってもらいたい。

- ⑦ もっと努力してもらわないと困る。

- ⑧ 私がどれほどうれしいか知ってもらいたい。

- ⑨ パニックを起こさないでもらいたい。
  ヒント:パニックを起こす= panic

- ⑩ あなたにケガをしてほしくない。

① **I want you to** see this painting.

② **I want you to** work harder.

③ **I want you to** meet somebody.

④ **I want you to** have this gift.

⑤ **I want you to** think this over.

⑥ **I want you to** do your best.

⑦ **I want you to** try harder.

⑧ **I want you to** know how excited I am.

⑨ **I don't want you to** panic.

⑩ **I don't want you to** get hurt.

25

I feel like ~ing

～したい気分

— 基本フレーズ —

I feel like tak**ing** a nap.

昼寝したい気分です。

I feel like ~ing で「〜したいなぁ」「〜って気分だな」と、思いつきで自分がしたいことなどを述べるときに使います。「なにがなんでも！」というよりも、「どちらかというと」という軽いニュアンスです。何が食べたいかリクエストを聞かれて、ちょっと遠慮がちに希望を伝えるときなどに便利な言い方です。

プラスアルファ

ing なしで **I feel like 〜**だと、そのあとに食べ物を続け、「〜が食べたい（飲みたい）気分」という意味になります。**I feel like beer!** で「ビールを飲みたい気分！」となります。

このパターンでこんなことが言えます！

I feel like cry**ing**.
泣きたい気分だよ。

I feel like Chinese.
中華料理を食べたい気分。

I feel like go**ing** for a drive.
ドライブに行きたい気分。

I feel like go**ing** out to eat tonight.
今夜は外に食べにいきたい気分。

I feel like sleep**ing** in this morning.
今朝はゆっくり寝たい気分だな。

I feel like read**ing** a book.
本を読みたい気分。

I feel like play**ing** cards.
トランプをしたい気分。

I feel like a nice long bath.
ゆったりお風呂につかりたい気分。

I feel like ~ing　〜したい気分

- □ ① 映画を観たいな。
- □ ② リラックスしたい気分。
- □ ③ 今夜は家にいたい気分。
- □ ④ ビールを飲みたい気分。
- □ ⑤ 彼の鼻を殴りたい気分。
- □ ⑥ ビーチで一日過ごしたい気分。
- □ ⑦ スパイ小説を読みたい気分。
- □ ⑧ 公園に散歩へ行きたい気分。
- □ ⑨ 今はこのプロジェクトに専念したい気分。
- □ ⑩ カレーみたいな辛いものが食べたい気分。

① **I feel like** a movie.

② **I feel like** relax**ing**.

③ **I feel like** stay**ing** home tonight.

④ **I feel like** hav**ing** a beer.

⑤ **I feel like** punch**ing** him in the nose.

⑥ **I feel like** spend**ing** the day at the beach.

⑦ **I feel like** read**ing** a spy novel.

⑧ **I feel like** go**ing** for walks in the park.

⑨ **I feel like** concentrat**ing** on this project now.

⑩ **I feel like** someth**ing** spicy like curry.

関連パターン

I don't feel like ~ing

~する気分ではない

― 基本フレーズ ―

I don't feel like drink**ing** tonight.

今夜は飲む気分じゃないんだ。

乗り気ではないことを伝えるときにぴったりなのが、**I don't feel like ~ing** というパターン。「~する気分ではないんだ」というニュアンスで、いまいち気分が乗らない、というときに使えます。

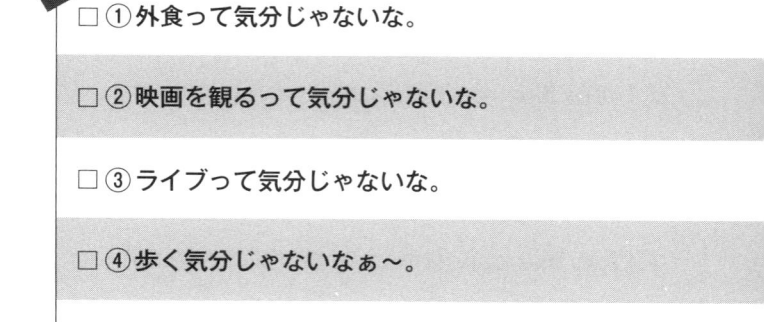

パターントレーニング

☐ ① **外食って気分じゃないな。**

☐ ② **映画を観るって気分じゃないな。**

☐ ③ **ライブって気分じゃないな。**

☐ ④ **歩く気分じゃないなぁ~。**

☐ ⑤ **カラオケで歌う気分じゃないんだ。**

PART2 コミュニケーションが円滑になるパターン20

> **このパターンでこんなことが言えます！**

I don't feel like cook**ing** tonight.
今晩は料理したくないな。

I don't feel like see**ing** anybody today.
今日は誰にも会いたくないな。

I don't feel like go**ing** to the party.
パーティーという気分じゃないんだ。

I don't feel like it.
そんな気分じゃないんだ。

---

①**I don't feel like** eat**ing** out.

②**I don't feel like** watch**ing** movies.

③**I don't feel like** a concert.

④**I don't feel like** walk**ing**.

⑤**I don't feel like** karaoke.

135

26

I can't wait to ~

~するのが待ちきれない

--- 基本フレーズ ---

I can't wait to ski.

スキーをするのが待ちきれない。

I can't wait to ~ で「~するのが待ちきれない」「~が待ち遠しい」と、これからやってくるイベントや予定などをワクワクと心待ちにしている気持ちを表わします。to のあとには動詞の原形がきます。

プラスアルファ

I can't wait. は、「もうすぐ~だね」などと楽しみな予定を言われたとき、「待ちきれない！」という意味の返事としても使えます。

例) You're off to Italy next week, right?
（来週からイタリア旅行でしたよね？）
I can't wait!（待ちきれない！）

PART2　コミュニケーションが円滑になるパターン20

このパターンでこんなことが言えます！

I can't wait to see the new Brad Pitt movie.
ブラピの新作映画が待ちきれない。

I can't wait to go swimming this summer.
この夏、泳ぎにいくのが待ちきれない。

I can't wait to meet you.
あなたに会うのが待ちきれない。

I can't wait to go cherry blossom viewing.
お花見に行くのが楽しみです。

I can't wait to see the pictures we took.
撮った写真を早く見たい。

I can't wait to see the finished product.
完成品を見るのが待ち遠しい。

I can't wait to hear your ideas.
あなたのアイデアを聞くのが楽しみです。

I can't wait to get home.
家に帰るのが待ち遠しい。

パターントレーニング

I can't wait to ~　　~するのが待ちきれない

- □ ① サッカーをするのが待ちきれない。

- □ ② 彼女の新刊本を読むのが待ち遠しい。

- □ ③ 今年、キャンプに行くのが待ちきれない。

- □ ④ その料理を食べるのが待ちきれない。

- □ ⑤ 新しい車を運転するのが待ちきれない。

- □ ⑥ あなたの旅行写真を見るのが待ちきれない。

- □ ⑦ 産まれたばかりのあなたの赤ちゃんを見るのが楽しみ。

- □ ⑧ あなたの背がどのくらい伸びたのか見るのが楽しみ。

- □ ⑨ 週末にくつろぐのが待ち遠しい。

- □ ⑩ このプロジェクトについてのあなたの考えを聞くのが楽しみ。

① **I can't wait to** play soccer.

② **I can't wait to** read her new book.

③ **I can't wait to** go camping this year.

④ **I can't wait to** taste the food.

⑤ **I can't wait to** drive my new car.

⑥ **I can't wait to** see the photos from your trip.

⑦ **I can't wait to** see your new baby.

⑧ **I can't wait to** see how tall you've gotten.

⑨ **I can't wait to** relax on the weekend.

⑩ **I can't wait to** hear your thoughts on this project.

関連パターン

I can't wait for ~

~が楽しみ

— 基本フレーズ —

I can't wait for the weekend.

週末が楽しみ。

I can't wait for ~ で「～が楽しみ」と、これから予定している行事などを楽しみに待っていることを表わします。for のあとには名詞が続きます。

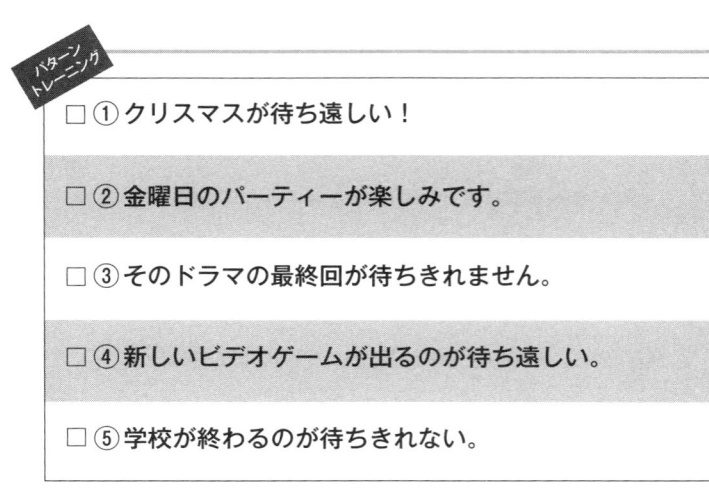

パターントレーニング

□ ① クリスマスが待ち遠しい！

□ ② 金曜日のパーティーが楽しみです。

□ ③ そのドラマの最終回が待ちきれません。

□ ④ 新しいビデオゲームが出るのが待ち遠しい。

□ ⑤ 学校が終わるのが待ちきれない。

PART2　コミュニケーションが円滑になるパターン20

このパターンでこんなことが言えます！

I can't wait for the next Tim Burton film.
ティム・バートンの次回作が楽しみ！

I can't wait for summer!
夏が待ちきれない！

I can't wait for the sequel for that movie.
その映画の続編が楽しみだ。

I can't wait for better weather.
早くいい天気にならないかな。

---

① **I can't wait for** Christmas.

② **I can't wait for** the party on Friday.

③ **I can't wait for** the last episode of the drama.

④ **I can't wait for** the new video game to come out.

⑤ **I can't wait for** school to end.

27

I know ~, but ...

~なのはわかっているのですが…

基本フレーズ

I know you're busy, **but** could you help me?

忙しいのはわかっていますが、手伝ってもらえますか？

I know ~, but ... は、「～なのはわかっているのですが、お願いします」というニュアンスで、誰かに先にことわりを入れてからお願いごとをするときのパターンです。相手の都合や状況も配慮している、という気持ちが伝わる丁寧な依頼表現です。

プラスアルファ

急なお知らせやお願いをするときによく使うのが、**I know it's sudden, but ...** という言い方。突然でごめんね、というニュアンスが伝わります。
例) I know it's sudden, but I need to go now.
（急だけど、もう行かないと）

PART2 コミュニケーションが円滑になるパターン20

このパターンでこんなことが言えます!

I know you're busy, **but** could you do this?
忙しいとは思いますが、これをやってもらえますか?

I know it's sudden, **but** I want to change the plan.
急だけど、予定変更してもいいですか?

I know you're on break, **but** could I ask a question?
休憩中にすみませんが、質問してもいいですか?

I know you have to leave soon, **but** could you check this?
もう出る時間なのは知ってるけど、これだけチェックしてもらえない?

I know you don't like him, **but** please don't be rude.
彼が気に食わないのはわかるけど、失礼な態度はやめて。

I know it's not easy, **but** we have to do it.
難しいとは思うけど、やるしかないですね。

I know it's sudden, **but** I can't go to the party.
突然で悪いんだけど、パーティーに行けなくなっちゃった。

I know it's crazy, **but** I have 30 cats!
信じがたいだろうけど、猫を30匹飼ってます!

パターントレーニング

I know ~, but ...　～なのはわかっているのですが…

- □ ① 疲れているのはわかっていますが、お皿を洗ってくれますか？

- □ ② あまり時間がないのはわかっていますが、それを終わらせることはできますか？

- □ ③ 写真が許可されていないのはわかっていますが、1枚だけいいですか？

- □ ④ 休みが欲しいのはわかっていますが、今とても忙しいのです。

- □ ⑤ 彼があなたの友人なのはわかりますが、彼を招待することはできません。

- □ ⑥ 難しいのはわかっていますが、あなたを信頼しています。　ヒント：～を信頼している＝ have faith in ～

- □ ⑦ 信じないだろうけど、アラスカへ引っ越します。

- □ ⑧ 前にも聞いたとは思いますが、会議は何時からですか？

- □ ⑨ あなたが彼を好きなのはわかるけど、この世の終わりというわけじゃないよ。

- □ ⑩ そういうつもりはなかったのはわかりますが、とても傷つきました。

① **I know** you're tired, **but** could you wash the dishes?

② **I know** there's not much time, **but** can you finish it?

③ **I know** photos aren't allowed, **but** could I take just one?

④ **I know** you want a vacation, **but** we're really busy now.

⑤ **I know** he's your friend, **but** we can't invite him.

⑥ **I know** It'll be difficult, **but** I have faith in you.

⑦ **I know** it's crazy, **but** I'm going to move to Alaska.

⑧ **I know** I asked you this before, **but** what time is the meeting?

⑨ **I know** you love him, **but** it's not the end of the world.

⑩ **I know** you didn't mean it, **but** it really hurt my feelings.

関連パターン

I don't mean to ~, but ...

~というわけではないのですが…

基本フレーズ

I don't mean to complain, **but** I'm tired of shopping.

不満というわけではないのですが、ショッピングにはあきました。

mean は、「~のつもり」という意味でもよく使われます。**I don't mean to ~** で「~というわけではないのですが…です」と考えを明確にし、誤解を防ぐときに使います。一方、相手に信じがたいことを言われたときには、**Do you mean that?**(それ本気なの?)というフレーズがよく使われます。

パターントレーニング

- ① プレッシャーを与えるつもりはないのですが、10分しかありません。

- ② 怒っていると思われたくないのですが、もう待てません。

- ③ おせっかいするつもりはないのですが、結婚していますか?
  ヒント:おせっかいな= nosy

- ④ (タクシーなどで)強要するつもりはないのですが、もっと急げますか?

- ⑤ 傷つけるつもりはありませんでした。

PART2 コミュニケーションが円滑になるパターン20

> **このパターンでこんなことが言えます！**

I don't mean to rush you, **but** we don't have much time.
焦らせるつもりはないのですが、あまり時間がありません。

I don't mean to be picky, **but** this is too salty.
好き嫌いを言うつもりじゃないけど、しょっぱすぎます。

I don't mean to disagree, **but** that's not right.
反対というわけではないのですが、それは間違いです。

I don't mean it.
そんなつもりじゃないの。＊誤解されたときなどによく言います。

---

① **I don't mean to** pressure you, **but** we only have 10 minutes.

② **I don't mean to** sound angry, **but** I can't wait any longer.

③ **I don't mean to** be nosy, **but** are you married?

④ **I don't mean to** push you, **but** can you go faster?

⑤ **I didn't mean to** hurt you.

147

28

I'm sorry, but ~

申し訳ありませんが~

基本フレーズ

I'm sorry, but I'll be late.

申し訳ありませんが、遅れます。

I'm sorry ~ のあとに **but** を続けて理由を述べることで、「悪く思わないでね」という気持ちが伝わります。**I'm sorry** にはかなり真剣に謝る気持ちが込められています。そのため、日本語の「すみませんが」のように、ちょっとした許可を得るときなどに使うと驚かれてしまうかもしれません。例）× **I'm sorry.** Could you open this?

○ **Excuse me.** Could you open this?

プラスアルファ

ビジネスなどで丁寧かつ具体的に謝罪をしたいときは、**I apologize for ~** というパターンを使うようにしましょう。
例）I apologize for this late notice.
（お知らせが遅くなり、誠に申し訳ございません）

PART2　コミュニケーションが円滑になるパターン20

このパターンでこんなことが言えます！

I'm sorry, but I lost the tickets.
申し訳ないけど、チケットを失くしてしまいました。

I'm sorry, but he's on another line.
申し訳ありませんが、彼は別の電話に出ています。

I'm sorry, but he's in a meeting.
申し訳ありませんが、彼は会議中です。

I'm sorry, but we're full.
申し訳ありませんが、満室です。

I'm sorry, but we're closed tomorrow.
あいにく、明日はお休みです。

I'm sorry, but that's confidential.
申し訳ありませんが、部外秘です。

I apologize for keeping you so long.
長らくお待たせしてしまい、大変申し訳ありませんでした。

I apologize for taking so much time to reply.
返信が大変遅くなり、誠に申し訳ございません。

パターントレーニング

I'm sorry, but ~　申し訳ありませんが～

- □ ① 申し訳ないけど、帰らなくてはなりません。

- □ ② 悪いんだけど、いま忙しいんだ。

- □ ③ 申し訳ありませんが、花瓶を壊してしまいました。

- □ ④ 申し訳ないけど、その時間は手が空いていません。

- □ ⑤ 大変申し訳ありませんが、あなたのお名前を忘れてしまいました。

- □ ⑥ 申し訳ないけど、彼はここで働いていません。

- □ ⑦ 申し訳ありませんが、もっと静かに話していただけますか？

- □ ⑧ 悪いけど先に帰ってもいいですか？

- □ ⑨ 勘違いしてしまい、誠に申し訳ありませんでした。

- □ ⑩ 会議を欠席してしまい、大変申し訳ありませんでした。

① **I'm sorry, but** I have to leave.

② **I'm sorry, but** I'm busy now.

③ **I'm sorry, but** I broke your vase.

④ **I'm sorry, but** I'm not available then.

⑤ **I'm** so **sorry, but** I forgot your name.

⑥ **I'm sorry, but** he doesn't work here.

⑦ **I'm sorry, but** would you talk quieter?

⑧ **I'm sorry, but** is it all right if I leave early?

⑨ **I apologize for** misunderstanding you.

⑩ **I apologize for** missing the meeting.

29

I'm afraid ~

あいにく〜／残念ながら〜

基本フレーズ

I'm afraid I don't know.

あいにく私ではわかりかねます。

I'm afraid ~ は「あいにく〜」というニュアンス。**I'm afraid I can't.**（悪いけど無理です）のように否定したり、断ったりするとき、もしくは **I'm afraid I have to leave.**（そろそろ行かないと）のように言いにくいことを伝えるときに、文頭につけて切り出すことができます。残念な気持ちも伝わる便利なフレーズです。

プラスアルファ

I'm afraid I'll 〜と言うと、「自分が〜しちゃいそうで怖いな」と失敗を不安に思う気持ちが表わせます。
例) I'm afraid I'll make a mistake.
　　（間違えちゃいそうだな）

PART2　コミュニケーションが円滑になるパターン20

＜　このパターンでこんなことが言えます！　＞

I'm afraid there are no flights.
あいにくご利用可能なフライトはありません。

I'm afraid Bob's on a business trip.
あいにくボブは出張中です。

I'm afraid they're sold out.
あいにく売り切れました。

I'm afraid it's not possible.
ごめんなさい、無理です。

I'm afraid I couldn't find it.
残念ながら見つかりませんでした。

I'm afraid I'll have to say no.
残念ですが、お断りしないといけません。

I'm afraid we don't accept credit cards.
あいにくクレジットカードは使えません。

I'm afraid I'll sleep in tomorrow.
明日寝過ごしそうで怖いな。

パターントレーニング

I'm afraid ~   あいにく~／残念ながら~

☐ ① あいにく時間がありません。

☐ ② あいにく行かなければなりません。

☐ ③ あいにくですが、賛成しかねます。

☐ ④ あいにく明日は仕事を休めません。

☐ ⑤ 残念ですが、これを受け入れることはできません。

☐ ⑥ あいにく鍵をどこかに置き忘れてしまったようです。
　　ヒント：置き忘れる= misplace

☐ ⑦ あいにく日程を調整し直さなければなりません。

☐ ⑧ 残念ながら空室はありません。

☐ ⑨ 飛行機に乗り遅れそうで怖いな。

☐ ⑩ 会議中に居眠りしそうで怖い。
　　ヒント：居眠りする= doze off

① **I'm afraid** I don't have time.

② **I'm afraid** I have to go.

③ **I'm afraid** I have to disagree.

④ **I'm afraid** I can't take tomorrow off.

⑤ **I'm afraid** I can't accept this.

⑥ **I'm afraid** I've misplaced my keys.

⑦ **I'm afraid** we'll have to reschedule.

⑧ **I'm afraid** there are no vacancies.

⑨ **I'm afraid** I'll miss the flight.

⑩ **I'm afraid** I'll doze off during the meeting.

30

I'm glad ~

~でよかった

基本フレーズ

I'm glad the weather is nice.

天気が良くてよかった。

I'm glad のあとに文を続けて「~でよかった」といううれしい気持ちを表わします。起こったことに対して「ほっとしている」というニュアンスを含みます。同じく喜びを表わす **be happy to ~** という表現がありますが、こちらはうれしさの度合いが強く、長続きするようなときに使います。ただ、ネイティブもそれほど厳密には使い分けてはいないようです。

> **プラスアルファ**
>
> 誰かが遊びにきてくれたとき、うれしい気持ちを表わして、**I'm so glad you came.** というフレーズを使います。「よく来てくれました」「いらっしゃい」というニュアンスです。

このパターンでこんなことが言えます！

I'm glad we got tickets.
チケットが取れてよかった。

I'm glad the project was a success.
プロジェクトが成功してよかった。

I'm glad you got a promotion.
昇進してよかったわ。

I'm glad I bought this.
これを買えてうれしいです。

I'm glad I could help.
助けになれてうれしいです。

I'm glad to hear that.
それを聞いてよかった。

I'm glad to hear you're okay.
あなたが無事でよかった。

I'm glad for you.
それはよかったね。

パターントレーニング

I'm glad ~　　～でよかった

□ ① 戻ってきてくれてよかった。

□ ② 終わってよかった。

□ ③ パーティーに行かなくてよかった。

□ ④ あなたに会えてよかった。

□ ⑤ あなたみたいな友達がいてよかった。

□ ⑥ お役に立ててよかったです。
　　ヒント：お役に立つ= be of service

□ ⑦ あなたと知り合いになれてよかった。
　　ヒント：～と知り合いになる= make someone's acquaintance

□ ⑧ このような結果になってよかった。

□ ⑨ あなたの立場じゃなくてよかった。
　　ヒント：～の立場になる= in someone's shoes

□ ⑩ フライトが遅れなくてよかった。

① **I'm glad** you're back.

② **I'm glad** that's over.

③ **I'm glad** I didn't go to the party.

④ **I'm glad** to meet you.

⑤ **I'm glad** to have a friend like you.

⑥ **I'm glad** to be of service.

⑦ **I'm glad** to make your acquaintance.

⑧ **I'm glad** it turned out this way.

⑨ **I'm glad** I'm not in your shoes.

⑩ **I'm glad** our flight wasn't delayed.

31

I should've ~

~すればよかった

— 基本フレーズ —

I should've made reservations.

予約すべきだったな。

should've は should have の略。**I should've＋[過去分詞]** で、「～すべきだった」「～しておけばよかった」と、自分がすべきことをしなかったことへの後悔や、今となっては悔やまれるようなことを述べるときに使うパターンです。

プラス
アルファ

I wish I had ＋ [過去分詞] も同じく後悔を表わすパターンです。should've が義務感を含むのに対し、こちらは「～したかったのに」という自分の望みがかなわなかったことへの後悔を含みます。

例) I wish I had bought those shoes right then.
　　（あの靴すぐに買っとっきゃよかった）

PART2　コミュニケーションが円滑になるパターン20

> このパターンでこんなことが言えます！

I should've gone to the bathroom.
トイレに行っておけばよかった。

I should've brought an umbrella.
傘を持ってくればよかった。

I should've taken a picture.
写真を撮っておけばよかったな。

I should've worn a suit.
スーツを着てくるべきだったな。

I should've called you sooner.
もっと早くあなたに電話するべきでした。

I should've been more careful.
もっと注意するべきだった。

I should've had lasagna instead.
ラザニアにしておけばよかった。

I should've verified the deadline first.
最初に締切日を確認しておけばよかった。

パターントレーニング

I should've ~   ~すればよかった

- □ ① 謝るべきだった。

- □ ② 何か言うべきだった。

- □ ③ 家にいればよかった。

- □ ④ 電車で行くべきだった。

- □ ⑤ 警察を呼ぶべきだった。

- □ ⑥ 雑誌を持ってくるべきだった。

- □ ⑦ 昼食抜けばよかったな。

- □ ⑧ あのファイルをすぐに保存しておけばよかった。

- □ ⑨ もっとお金を持ってくればよかった。

- □ ⑩ もっと厚手のコートを着てくればよかった。
  ヒント:厚手のコート= thick coat

① **I should've** apologized.

② **I should've** said something.

③ **I should've** stayed at home.

④ **I should've** gone by train.

⑤ **I should've** called the police.

⑥ **I should've** brought a magazine.

⑦ **I should've** skipped lunch.

⑧ **I should've** saved the file right away.

⑨ **I should've** brought more money.

⑩ **I should've** worn a thicker coat.

関連パターン

I shouldn't have ~

~しなければよかった

基本フレーズ

I shouldn't have drunk so much.
あんなに飲まなきゃよかった。

I shouldn't have ~ は、「~しなければよかった」という意味で、自分のしてしまったことへの反省、後悔の念を表わすときのフレーズです。「あんなことしなければよかった」というニュアンスが含まれます。

パターントレーニング

- □ ① 彼に聞くべきじゃなかったな。

- □ ② あれは食べないほうがよかったな。

- □ ③ 地図を捨てなけりゃよかった。

- □ ④ お金を使い切るべきじゃなかった。

- □ ⑤ 彼にお金を渡さなければよかった。

PART2 コミュニケーションが円滑になるパターン20

> **このパターンでこんなことが言えます！**

I shouldn't have done that.
あんなことするんじゃなかった。

I shouldn't have said that.
あんなこと言わなければよかった。

I shouldn't have bought this dress.
このワンピース買わなきゃよかった。

I shouldn't have stayed up so late.
あんなに夜更かししなけりゃよかった。

---

① **I shouldn't have** asked him.

② **I shouldn't have** eaten that.

③ **I shouldn't have** thrown the map away.

④ **I shouldn't have** spent all my money.

⑤ **I shouldn't have** given him my money.

32

I'll take care of ~

~は私が対応(担当)します／~は任せて

— 基本フレーズ ——

I'll take care of finding a hotel.

ホテル探しは任せてね。

take care of は「対応する、対処する」「世話をする」という意味ですので、**I'll take care of ~** で「~は私が対応します」という意味になります。また、「任せて」という意味もあり、**I'll take care of it.** で「私にどんと任せて」とやや自信があるときに使います。何かやろうとしている人に対して使うと、「私がやるからそのままにしておいて」という意味になります。

> **プラスアルファ**
>
> **Take care.** は、気軽に言うと、「じゃあね！」と人と別れるときに使うカジュアルなひとことに。風邪を引いている人に対して心配そうに言うと、「お大事にね」という意味で使えます。

PART2 コミュニケーションが円滑になるパターン20

このパターンでこんなことが言えます！

I'll take care of reservations.
予約は任せて。

I'll take care of her.
彼女のことは任せて。

I'll take care of the paperwork.
書類仕事は私に任せて。

I'll take care of the negotiations.
交渉は私に任せて。

I'll take care of training him.
彼の教育は私が担当します。

I'll take care of ordering for you.
あなたの注文は私がしておきます。

I'll take care of the lunch check.
ランチの支払いは私が。

I'll take care of the details.
詳細については私が対応します。

パターントレーニング

I'll take care of ~ ~は私が対応(担当)します／~は任せて

- [ ] ① 掃除は私に任せて。
- [ ] ② この問題は私に任せて。
- [ ] ③ その旅行の計画は私に任せて。
- [ ] ④ 全部を私に任せて。
- [ ] ⑤ 会議室の手配は私が対応します。
- [ ] ⑥ お客様には私が対応します。
- [ ] ⑦ 保険は私が対応します。
- [ ] ⑧ ウォルターズさんへは私が電話しておきます。
- [ ] ⑨ スケジュールの調整は私がやります。
- [ ] ⑩ この散らかった部屋は私がなんとかします。

① **I'll take care of** the cleaning.

② **I'll take care of** this problem.

③ **I'll take care of** organizing the trip.

④ **I'll take care of** everything.

⑤ **I'll take care of** arranging a meeting room.

⑥ **I'll take care of** the customers.

⑦ **I'll take care of** the insurance.

⑧ **I'll take care of** calling Ms. Walters.

⑨ **I'll take care of** adjusting the schedule.

⑩ **I'll take care of** this mess.

33

You look ~

あなたは~のようですね

基本フレーズ

You look tired.

疲れているみたいだね。

コミュニケーションにおいて欠かせないのが、会ったときの相手を気遣うひとことです。**You look ＋[形容詞]**もしくは **You look like ＋[名詞/文]** で、「~みたいだね」という意味になります。これで、相手の見た目の様子を表わすとともに、相手を気遣うひとことが簡単に言えます。

注意！

「お疲れですね」と気遣う意味で、ネイティブの女性に **You look tired.** と言うと、「ヒドイ顔しているよ」という誤った意味で伝わってしまうこともあります。気心の知れた人であれば別ですが、あまり親しくない人には言わないほうが無難です。

このパターンでこんなことが言えます！

You look hungry.
お腹が空いているみたいですね。

You look like you need sleep.
眠そうですね。

You look like you have jet lag.
時差ボケしているようですね。

You look great in that suit.
スーツ姿かっこいいね。＊ great/good in 〜　〜が似合う

You look like you're in pain.
痛そうだね。

You look familiar.
どこかでお見かけしたような気がします。

You look like everything went well.
いろいろうまくいったようですね。

You look like a million bucks!
とても魅力的に見えます！

パターントレーニング

You look ~ あなたは~のようですね

- □ ① うれしそうですね。
- □ ② とても疲れているように見えます。
- □ ③ 緑が似合うね。
- □ ④ とてもお忙しそうですね。
- □ ⑤ 少し元気がないですね。
- □ ⑥ がっかりしているようですね。
- □ ⑦ 手伝いが要るみたいだね。
- □ ⑧ 元彼に似ています。
  ヒント：元彼＝ex-boyfriend
- □ ⑨ 賛成していないようですね。
- □ ⑩ ツアーを楽しんだようですね。

① **You look** excited.

② **You look** exhausted.

③ **You look** good in green.

④ **You look** really busy.

⑤ **You look** a little down.

⑥ **You look** like you're disappointed.

⑦ **You look** like you need help.

⑧ **You look** like my ex-boyfriend.

⑨ **You look** like you don't agree.

⑩ **You look** like you enjoyed the tour.

34

You should ~

~したらいいですよ

— **基本フレーズ** —

You should take a break.

休んだほうがいいですよ。

You should ~ は「~したほうがいいですよ」といったニュアンスで、一般的なアドバイスとして使われ、相手のためを思って提案するときに言う場合が多いです。提案の表現として **You had better ~** を使う人がいますが、こちらは「~すべき」(さもないと……) と何か罰が待っているような言い方になるので要注意です。

プラスアルファ

I should ~には、実は「しなくちゃいけない、けどおそらくしない」というニュアンスが含まれています。**I should go to the dentist.** と言ったら「歯医者に行かなくちゃなぁ」という意味ですが、実際は行かない確率が高いのです。

PART2　コミュニケーションが円滑になるパターン20

> **このパターンでこんなことが言えます！**

You should go to Chinatown.
チャイナタウンに行くといいですよ。

You should buy two.
2つ買うといいですよ。

You should reply soon.
すぐに返事をしたほうがいいですよ。

You should ask Ms. Parker about that.
それに関してはパーカーさんに聞くといいですよ。

You should put that in the report.
それはレポートに書いたほうがいいですよ。

You should be more organized.
もっと整理整頓をしたほうがいいですよ。

You should lose some weight.
痩せたほうがいいですよ。

You shouldn't be so uptight.
緊張しなくていいですよ。

パターントレーニング

You should ~　　~したらいいですよ

□ ① それを試すといいですよ。

□ ② ポールも招待するといいですよ。

□ ③ もっと大きいフォントを使うといいですよ。

□ ④ セーターかジャケットを着たほうがいいですよ。

□ ⑤ そのことを謝ったほうがいいですよ。

□ ⑥ あなたのスキルを向上させたほうがいいですよ。

□ ⑦ 定年後の生活のために貯金を始めたほうがいいですよ。

□ ⑧ 後援者を見つけることを優先したほうがいいですよ。
　　ヒント：後援者＝ backer

□ ⑨ 彼を完全に信用しないほうがいいですよ。

□ ⑩ 堅苦しくしなくてもいいですよ。

① **You should** try it.

② **You should** invite Paul, too.

③ **You should** use a bigger font.

④ **You should** wear a sweater or a jacket.

⑤ **You should** apologize for that.

⑥ **You should** upgrade your skills.

⑦ **You should** start saving for your retirement.

⑧ **You should** put priority on finding a backer.

⑨ **You shouldn't** trust in him completely.

⑩ **You shouldn't** be so formal.

関連パターン

Maybe you should ~

～したほうがいいかもね

— 基本フレーズ —

Maybe you should make reservations.
予約したほうがいいかもしれませんよ。

Maybe you should ~ は、「～したほうがいいかもよ」とさりげなく提案するときに便利なパターン。**You should** が「そうしたほうがいいにちがいない！」とお勧め度が高いのに対し、こちらは「したらいいんじゃない？」という軽いニュアンスです。

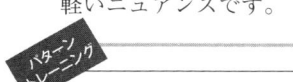

パターントレーニング

☐ ① 座ったほうがいいかもしれませんよ。

☐ ② ドアの近くに立っていたほうがいいかもしれません。

☐ ③ メールをすぐにチェックしたほうがいいかもよ。

☐ ④ ここで降りて歩いたほうがいいかもしれません。

☐ ⑤ ちょっとおしょうゆをつけたほうがいいかも。

PART2 コミュニケーションが円滑になるパターン20

> このパターンでこんなことが言えます！

Maybe you should apologize.
謝ったほうがいいかもよ。

Maybe you should take an umbrella.
傘を持っていったほうがいいかも。

Maybe you should tell him everything.
彼に全部話したほうがいいかもしれないよ。

Maybe you should go to the hospital.
病院に行ったほうがいいかもしれません。

① **Maybe you should** sit down.

② **Maybe you should** stand by the door.

③ **Maybe you should** check your mail now.

④ **Maybe you should** get off here and walk.

⑤ **Maybe you should** put just a little soy sauce on it.

35 Would you like to ~?

～がしたいですか？

基本フレーズ

Would you like to see a movie?

映画でも観ましょうか？

Would you like to ~ は、「～したいですか？」「～するのはどうですか？」と、相手を誘うときの丁寧な言い方です。接客や、面識のない相手などにどうしたいかを尋ねるときには、たいていこの言い方が使われます。

プラス
アルファ

Would you like ~? は丁寧な表現ですが、食べているものを友達に勧めるときなどに、**Would you like some?**（ちょっとつまむ？）のように、カジュアルなニュアンスでも使えます。⇒関連パターン参照

PART2　コミュニケーションが円滑になるパターン20

＜　このパターンでこんなことが言えます！　＞

Would you like to eat something?
何か食べましょうか？

Would you like to go home now?
もう帰りましょうか？

Would you like to hold?
(電話で)切らずにお待ちになりますか？

Would you like to have a seat?
(電車の中で席を譲るときなどに)お掛けになりますか？

Would you like to meet Ms. Smith?
(人を紹介するときなどに)スミスさんに会いますか？

Would you like to see our factory?
我が社の工場を見学しませんか？

Would you like to step outside?
やるならやろうじゃないか！　＊けんかを吹っ掛けるときのセリフで表へ出ろ、というニュアンス。

Would you like me **to** send you an estimate?
見積もりをお送りしましょうか？

Would you like to ~?　～がしたいですか？

- □ ① 踊りましょうか？

- □ ② 座りましょうか？

- □ ③ 私のコレクションを見たいですか？

- □ ④ メニューをご覧になりますか？

- □ ⑤ 一緒に来ますか？

- □ ⑥ コーヒーを飲みましょうか？

- □ ⑦ なぜか知りたいですか？

- □ ⑧ もう1部コピーが必要ですか？

- □ ⑨ 家で食べたいですか、それともレストランに行きたいですか？

- □ ⑩ 支払いを今しますか、それとも後にしますか？

① **Would you like to** dance?

② **Would you like to** sit down?

③ **Would you like to** see my collection?

④ **Would you like to** see a menu?

⑤ **Would you like to** come along?

⑥ **Would you like to** have some coffee?

⑦ **Would you like to** know why?

⑧ **Would you like to** have an extra copy?

⑨ **Would you like to** eat in or go to a restaurant?

⑩ **Would you like to** settle your bill now or later?

関連パターン

Would you like ~?

～はいかがですか？

--- 基本フレーズ ---

Would you like tea or coffee?

コーヒーかお茶はいかがですか？

Would you like ~? は、～の部分に名詞を入れて、「～はいかがですか？」と相手に何かを勧めるときに使うパターンです。

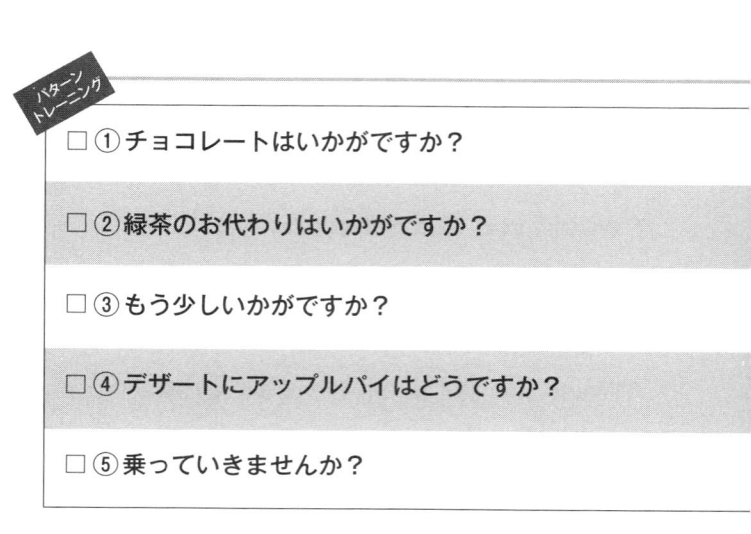

パターントレーニング

☐ ① チョコレートはいかがですか？

☐ ② 緑茶のお代わりはいかがですか？

☐ ③ もう少しいかがですか？

☐ ④ デザートにアップルパイはどうですか？

☐ ⑤ 乗っていきませんか？

PART 2 コミュニケーションが円滑になるパターン20

> このパターンでこんなことが言えます！

Would you like some more?
お代わりいかがですか？

Would you like one?
おひとつどうぞ。

Would you like something to drink?
何か飲みますか？

Would you like something sweet?
甘いものでもいかがですか？

---

① **Would you like** chocolate?

② **Would you like** some more green tea?

③ **Would you like** a little more?

④ **Would you like** apple pie for dessert?

⑤ **Would you like** a ride?

36

Why don't you ~?

～したらどうですか？

基本フレーズ

Why don't you think it over?

考え直したらどう？

Why don't you ~? は、「～したらどうですか？」と相手に軽い提案をするときに使います。疑問文になっていることからもわかるように、同じ提案フレーズの **You should ~** よりソフトな印象です。「したほうがいいと思うけど、どう？」といったニュアンスです。

プラスアルファ

Why don't you ~? は、Why don't you have dinner with us?（今日私たちと食事しない？）のように、フレンドリーに相手を誘うときにも使えます。

> このパターンでこんなことが言えます！

Why don't you complain?
文句言ったら？

Why don't you take a nap?
昼寝したらどう？

Why don't you invite Mary?
メアリーも誘いましょうよ。

Why don't you try counting sheep?
羊を数えてみたら？

Why don't you try a yoga class?
ヨガを習ってみたら？

Why don't you ask for a transfer?
異動を申し出たらどうですか？

Why don't you call it a day?
今日はこのへんで切り上げたら？

Why don't you ask Rick for advice?
リックにアドバイスを求めたらどう？

Why don't you ~?　〜したらどうですか？

- ① 転職したら？

- ② B&B に泊まったら？

- ③ コンサートに行ったら？

- ④ 迷惑メールを遮断するソフトを使ったら？
  ヒント：迷惑メールを遮断するソフト= spam blocker

- ⑤ 何か食べたら？

- ⑥ 浅草寺を訪れたらいかがでしょう？

- ⑦ 彼と別れたらどう？
  ヒント：〜と別れる= break up with 〜

- ⑧ 彼に電話したら？

- ⑨ 一緒に来ませんか？

- ⑩ 今回は私に払わせてよ。

① **Why don't you** change jobs?

② **Why don't you** stay at a B&B?

③ **Why don't you** go to a concert?

④ **Why don't you** use a spam blocker?

⑤ **Why don't you** have something to eat?

⑥ **Why don't you** visit Sensoji Temple?

⑦ **Why don't you** break up with him?

⑧ **Why don't you** give him a call?

⑨ **Why don't you** come with me?

⑩ **Why don't you** let me pay this time?

関連パターン

Why don't we ~?

～しませんか？

— 基本フレーズ —

Why don't we have a picnic?

ピクニックをしませんか？

Why don't we ~? は、「～しない？」「～でもしようか？」と思いつきを述べるフレーズです。断られても気にしない程度の提案をするときに使います。

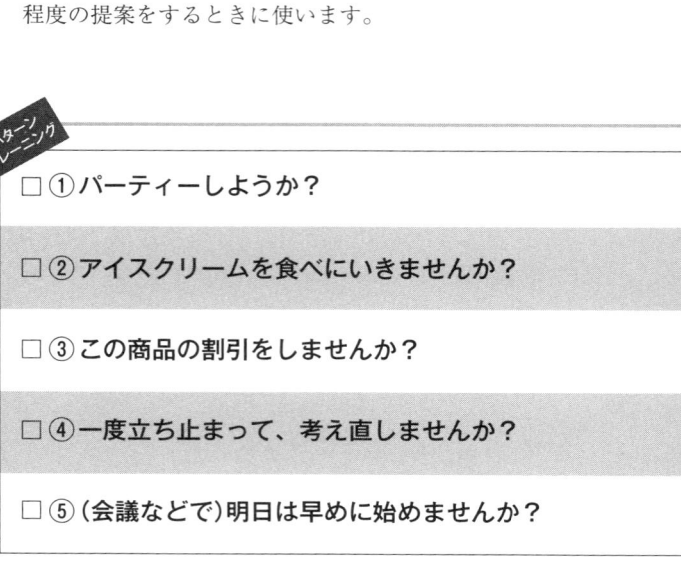

パターントレーニング

☐ ① パーティーしようか？

☐ ② アイスクリームを食べにいきませんか？

☐ ③ この商品の割引をしませんか？

☐ ④ 一度立ち止まって、考え直しませんか？

☐ ⑤ (会議などで)明日は早めに始めませんか？

PART 2　コミュニケーションが円滑になるパターン20

> **このパターンでこんなことが言えます！**

Why don't we go for a walk?
散歩に行きませんか？

Why don't we take a break now?
今から休憩しませんか？

Why don't we take a group photo here?
ここで集合写真を撮りませんか？

Why don't we give it a try?
試しにやってみませんか？

---

① **Why don't we** have a party?

② **Why don't we** go out for ice cream?

③ **Why don't we** offer a discount on this product?

④ **Why don't we** stop and think this through?

⑤ **Why don't we** get an early start tomorrow?

37

How about ~?

~はどうでしょうか？

基本フレーズ

How about Chinese food?
中華料理はどうですか？

How about ~? は、ソフトに何かを提案するときの言い方です。断る余地もある感じですので、相手にプレッシャーを与えずに済みます。How about のあとには、基本フレーズのように名詞か、**How about seeing a movie?**（映画なんてどうかな）のように動名詞（動詞 + ing）がきます。

プラスアルファ

How about ~? と Why don't you ~? を、ネイティブは微妙に使い分けています。Why don't you ~? は、自分の経験に基づき、「そうしたほうがいいよ」というニュアンスで、勧めた結果に自信があるときに使います。一方、How about ~? は「結果はわからないけれども試してみたら？」と軽く提案するイメージです。

PART 2　コミュニケーションが円滑になるパターン20

<　このパターンでこんなことが言えます！　>

How about watching TV?
テレビでも観ない？

How about a drink?
飲みに行かない？

How about going to Coney Island first?
まずはコーニーアイランドに行くのはどうでしょうか？

How about hiring a temp?
派遣社員を雇ってはどうでしょうか？

How about revising the first section?
最初の部分を修正してはどうでしょうか？

How about asking Phil to research it?
フィルにその調査を頼んではどうでしょうか？

How about waiting for a few weeks?
数週間待ってみませんか？

How about you?
あなたはどう思いますか？　＊相手に意見を求めるときに。

How about ~?　　~はどうでしょうか？

- ① 夕食を食べにいかない？

- ② ゴルフをしにいくのはどうでしょうか？

- ③ 公園で散歩してはどうでしょうか？

- ④ サプライズパーティーなんてどうでしょうか？

- ⑤ 彼女に花を買ってあげてはどうでしょうか？

- ⑥ ビーチで少しゆっくりしてはどうでしょうか？

- ⑦ セールになるまで待ってはどうでしょうか？

- ⑧ 念のために確認をしてはどうでしょうか？
  ヒント：念のため= just to be sure

- ⑨ 家具の模様替えをしてはどうですか？

- ⑩ プレゼンの日を改めてはどうでしょうか？

① **How about** going out for dinner?

② **How about** going golfing?

③ **How about** a walk in the park?

④ **How about** a surprise party?

⑤ **How about** buying her some flowers?

⑥ **How about** spending some time at the beach?

⑦ **How about** waiting until they go on sale?

⑧ **How about** confirming it just to be sure?

⑨ **How about** rearranging the furniture?

⑩ **How about** rescheduling the presentation?

38

Let's ~

~しましょう

基本フレーズ

Let's have a party!

パーティーしよう!

「~しましょう」「~しよう」と提案するときのパターンです。**Shall we ~?** も同意表現ですが、「~しませんか?」と相手の意向を伺うニュアンスがあるのに対し、**Let's ~** は相手が承諾してくれるのを前提に聞くニュアンスです。また、命令をソフトにしたいときに、**Let's use this application.**(このアプリケーションを使おう=使いなさい)のような言い方もできます。

プラスアルファ

Let's not. は、きっぱりしていながらキツく聞こえない便利な断り表現。「やめておこう」というニュアンスです。また、日本人が使いがちな **Let's try!** はネイティブには不自然。**Let's give it a try!** と言います。

PART2　コミュニケーションが円滑になるパターン20

このパターンでこんなことが言えます！

Let's eat!
食べましょう。＊「いただきます」というニュアンスで使うこともできます。

Let's change the subject.
話題を変えましょう。

Let's take my car.
私の車で行きましょう。

Let's take a vote.
決を採りましょう。

Let's take our time.
ゆっくりやりましょう。

Let's get down to business.
さあ、本題に入りましょう。

Let's face it.
現実を見ましょう。

Let's look at this a different way.
違う見方をしてみましょう。

パターントレーニング

Let's ~　　　~しましょう

- □ ① ランチを食べましょう。

- □ ② 買い物に行きましょう。

- □ ③ 夕食を食べに出かけましょう。

- □ ④ ハチ公で会いましょう。

- □ ⑤ 会議を開きましょう。

- □ ⑥ 数分待ちましょう。

- □ ⑦ 上司に聞きましょう。

- □ ⑧ 自分に正直になりましょう。

- □ ⑨ 様子を見ましょう。

- □ ⑩ このプロジェクトは保留しましょう。
  ヒント：~を保留する= put ~ on hold

① **Let's** have lunch.

② **Let's** go shopping.

③ **Let's** go for dinner.

④ **Let's** meet at Hachiko.

⑤ **Let's** have a meeting.

⑥ **Let's** wait a few minutes.

⑦ **Let's** ask our supervisor.

⑧ **Let's** be honest with ourselves.

⑨ **Let's** wait and see.

⑩ **Let's** put this project on hold.

39 Let me ~

～させてください

--- 基本フレーズ ---

Let me introduce myself.

自己紹介をさせてください。

Let me ~ は「私に～させてください」という意味の表現です。**Can I ~?** や **May I ~?** も同じく許可を求める表現ですが、「～してもいいですか？」と相手に決定権をゆだねている感じです。それに対し、Let me ～ は「～させてね」と実行することを前提に相手に提案するニュアンスです。それでいて失礼には聞こえないので、使い方をマスターすると便利です。

プラスアルファ

質問されて、すぐに答えが出てこないときや、何かを選ぶように言われて迷うようなときに便利なあいづちが **Let me see...** です。「そうですね～」「そうねぇ」と自然に時間稼ぎができます。

PART2　コミュニケーションが円滑になるパターン20

〈 このパターンでこんなことが言えます！ 〉

Let me ask you a few questions.
いくつか質問をさせてください。

Let me carry your bags.
カバンを持ちましょう。

Let me buy you a drink.
一杯おごらせてください。

Let me show you around the park.
公園を案内させてください。

Let me show you some samples.
サンプルをいくつかお見せしましょう。

Let me have a bite.
一口ください。

Let me know what I can do.
私に何ができるか教えてください＝手伝わせてください。

Let me know what you think.
感想を教えてください。

Let me ~ 〜させてください

□ ① この教会についての話をさせてください。

□ ② ひとこと言わせてください。

□ ③ 少しの間それを見せてください。
　　ヒント：少しの間= for a moment

□ ④ 私の提案について言わせてください。

□ ⑤ 疲れているなら言ってください。

□ ⑥ 私がちゃんと理解しているかどうか確認させてください。

□ ⑦ 手伝わせてください。

□ ⑧ 言い直させてください。
　　ヒント：言い直す= rephrase

□ ⑨ 私の考えをはっきりさせてもらいます。

□ ⑩ 昨日のふるまいについて謝罪させてください。

① **Let me** tell you about this church.

② **Let me** say something.

③ **Let me** see that for a moment.

④ **Let me** tell you about my proposal.

⑤ **Let me** know if you're tired.

⑥ **Let me** make sure I understand.

⑦ **Let me** give you a hand.

⑧ **Let me** rephrase that.

⑨ **Let me** make myself clear.

⑩ **Let me** apologize for my behavior yesterday.

40

How was ~?

~はどうでしたか？

― 基本フレーズ ―

How was the meeting?
ミーティングはどうでしたか？

How was ~? は、How was your trip?（旅行はどうだった？）などと、過去に起きた出来事や体験、終わった行動への感想を尋ねるときに使えるフレーズです。外から帰ってきた家族に「お帰りなさい」というニュアンスで **How was your day?**（今日はどうだった？）、**How was school?**（学校どうだった？）などと声をかけます。

プラスアルファ

「～はお元気ですか／～の調子はいかがですか？」などと、人の状況や調子を尋ねるときは **How is your family?**（ご家族は変わりない？）のように現在形にします。**How's it going?** はあいさつの定番フレーズです。

PART2　コミュニケーションが円滑になるパターン20

このパターンでこんなことが言えます！

How was the hotel?
ホテルはどうでしたか？

How was the interview?
面接はどうでしたか？

How was the hot spring?
温泉はいかがでしたか？

How was the presentation?
プレゼンはどうでしたか？

How was the movie?
映画はどうでしたか？

How was your date?
デートはどうでしたか？

How was your flight?
飛行機はどうでした？　＊飛行機で到着したばかりの人によく聞くフレーズ。

How was the weather in Okinawa?
沖縄の天気はどうでしたか？

How was ~?　　~はどうでしたか？

- □ ① 仕事はどうでしたか？

- □ ② 食べ物はどうでしたか？

- □ ③ パーティーはどうでしたか？

- □ ④ 彼女のプレゼンはどうでしたか？

- □ ⑤ サービスはどうでしたか？

- □ ⑥ 彼の新刊本はどうでしたか？

- □ ⑦ インドネシアでの休暇はどうでしたか？

- □ ⑧ 新しいクライアントとの会議はどうでしたか？

- □ ⑨ 奈良への旅行はどうでしたか？

- □ ⑩ 息子さんの学校初日はどうでしたか？

① **How was** work?

② **How was** the food?

③ **How was** the party?

④ **How was** her presentation?

⑤ **How was** the service?

⑥ **How was** his latest book?

⑦ **How was** your holiday in Indonesia?

⑧ **How was** your meeting with the new client?

⑨ **How was** your trip to Nara?

⑩ **How was** your son after his first day of school?

関連パターン

How's (the) ~ going?

~はどうなっていますか？

— 基本フレーズ —

How's the project going?

あの企画はどうなってます？

How's (the) ~ going? は、何か進行中のものに関して進捗具合を聞くときのフレーズです。最後に **going?** がつくことにより「~はどんな感じ？」とソフトに伝わります。~に入る部分が複数であれば、**How are ~ going?** となります。

パターントレーニング

☐ ① レポートはどうなってますか？

☐ ② 旅程の計画はどうなってますか？
ヒント：旅程の計画= itinerary planning

☐ ③ パスポート申請はどうなってますか？
ヒント：パスポート申請= passport application

☐ ④ 建設プロジェクトはどうなってますか？

☐ ⑤ 本の進み具合はどうなってますか？

PART2 コミュニケーションが円滑になるパターン20

> **このパターンでこんなことが言えます！**

How's your packing going?
荷造りはどうなってますか？

How's your homework going?
宿題はどうなってますか？

How's the proposal going?
企画書はどうなってますか？

How are the negotiations going?
交渉はどうなってますか？

---

① **How's** your report **going?**

② **How's** the itinerary planning **going?**

③ **How's** your passport application **going?**

④ **How's** the construction project **going?**

⑤ **How's** your book progressing?
＊goingの代わりにprogressingやcoming alongを入れてもOK。

PART 3

英語独特の言い回しに慣れる！
「ネイティブ脳」が鍛えられるパターン10

41

It depends on ~

~次第ですね

基本フレーズ

It depends on the weather.

天気次第ですね。

---

depend は「〜による」という意味ですので、**It depends on ~** で「〜次第」という意味になります。on 以下に続く状況や内容次第で、結果や今後の行動が変わってくる、というときに使います。

プラスアルファ

「ケースバイケース」という言葉がありますが、これをネイティブはあまり使いません。そのかわりに **It depends.** を「状況次第」という意味で言います。

このパターンでこんなことが言えます！

It depends on the deadline.
締め切り次第ですね。

It depends on the day.
日によりますね。

It depends on your schedule.
あなたの予定次第ですね。

It depends on how much it costs.
いくらかかるのかによりますね。

It depends on how much time we have.
どのくらい時間があるかによりますね。

It depends on how heavy your luggage is.
あなたの荷物がどれだけ重いかによりますね。

It depends on what you want to do.
あなたが何をしたいか次第ですね。

It depends on the terms and conditions.
契約条件次第ですね。

パターントレーニング

It depends on ~　～次第ですね

□ ① 売上次第ですね。

□ ② あなたの予算次第ですね。

□ ③ あなたの業績次第ですね。

□ ④ その仕様次第ですね。
　　ヒント：仕様= specifications

□ ⑤ ユーザーの能力レベル次第ですね。

□ ⑥ チケットが何枚残っているかによりますね。

□ ⑦ あなたがどう感じるかによりますね。

□ ⑧ 何人来るかによりますね。

□ ⑨ あなたがどのくらい滞在したいのかによりますね。

□ ⑩ あなたが何に興味があるかによります。

① **It depends on** sales.

② **It depends on** your budget.

③ **It depends on** your performance.

④ **It depends on** the specifications.

⑤ **It depends on** the ability level of the user.

⑥ **It depends on** the number of tickets still available.

⑦ **It depends on** how you feel.

⑧ **It depends on** how many people come.

⑨ **It depends on** how long you want to stay.

⑩ **It depends on** what your interests are.

42 It seems ~ / It looks ~

~みたいだね

基本フレーズ

It seems to be getting better.
よくなってきているみたいだね。

It seems ~ は「~のようですね」と、状況や物事の様子、自分自身が見た印象を表わすときに使います。確信はないものの、「どうやらそうみたい」という場面で使います。見た目の様子を表わすときには、**It looks ~** と言います。また、**It seems/looks like** のあとに名詞を続けて「(名詞) みたいですね」という意味になります。

プラスアルファ

It seems ~は断言を避けるときにも使えます。たとえば、You're always late. と言うと「いつも遅刻ばかりだね」と決めつけた言い方ですが、**It seems you're always late.** であれば「勘違いかもしれないけど」というニュアンスが含まれます。

PART3 「ネイティブ脳」が鍛えられるパターン10

このパターンでこんなことが言えます！

It seems to be getting worse.
状況は悪化しているみたいですね。

It seems to be working now.
(機械などが)今は調子がいいみたいだね。

It seems to be growing in demand.
需要が伸びているみたいだね。

It seems to be having some problems.
何か問題を抱えているみたいだね。

It seems to be coming along well.
順調にいっているみたいだね。

It seems like a promising market.
有望市場みたいだね。　＊looks でもOK。

It looks that shop has already closed.
そのお店はもう閉まってしまったようですね。

It looks like a great place for shopping.
ショッピングにはとてもいい場所みたいだね。

217

It seems ~ / It looks ~ ～みたいだね

- □ ① いい感じだね。
- □ ② 彼には値段が高すぎるみたいだね。
- □ ③ 価格が高くなってきているみたいだね。
- □ ④ 今日はとても混んでいるみたいだね。
- □ ⑤ 前より良くなっているみたいだね。
- □ ⑥ いつもより長くかかっているみたいだね。
- □ ⑦ 簡単な仕事みたいだね。
- □ ⑧ 今日はいい天気みたいだね。
- □ ⑨ 最終バスはもう出てしまったみたいですね。
- □ ⑩ ここからは歩かなきゃいけないみたいだね。

① **It seems** nice.
  * looks でもOK。

② **It seems** to be too expensive for him.

③ **It seems** to be getting more expensive.

④ **It seems** to be really crowded today.

⑤ **It seems** to be better than it was before.

⑥ **It seems** to be taking longer than normal.

⑦ **It seems** like an easy job.
  * looks でもOK。

⑧ **It seems** like nice weather today.
  * looks でもOK。

⑨ **It seems** the last bus has already left.

⑩ **It looks** like we have to walk from here.

関連パターン

It should be ~

～にちがいない

— 基本フレーズ —

It should be a nice hotel.

いいホテルにちがいない。

should は「～なはずだ」「～だろう」という意味ですので、**It should be ~** で現時点での自分の予測や推量を述べるときに使います。また、予測と違うことが起きたときに「たぶん～なはずなんだけど」という意味でも使います。

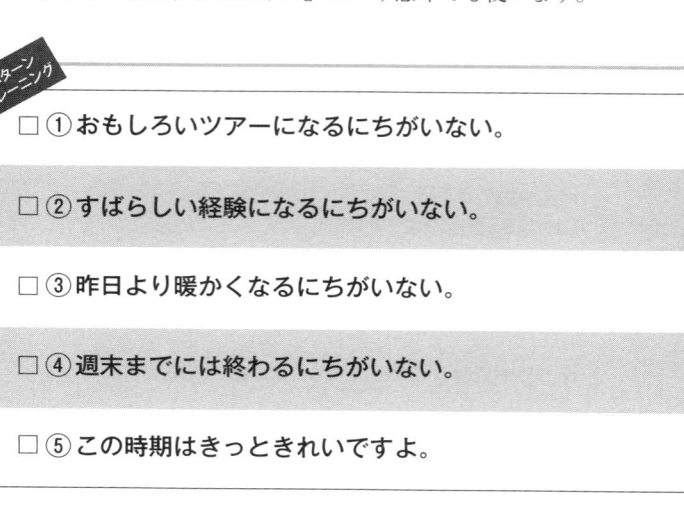

パターントレーニング

□ ① おもしろいツアーになるにちがいない。

□ ② すばらしい経験になるにちがいない。

□ ③ 昨日より暖かくなるにちがいない。

□ ④ 週末までには終わるにちがいない。

□ ⑤ この時期はきっときれいですよ。

PART3 「ネイティブ脳」が鍛えられるパターン10

> このパターンでこんなことが言えます！

It should be fun.
きっと楽しいにちがいない。

It should be here by Monday.
(荷物は)月曜日までにここに到着するにちがいない。

It should be ready for you by 3:00.
(部屋は)3時までには用意できるはずです。

It should be done next week.
来週には終わるんじゃないかな。

---

① **It should be** an interesting tour.

② **It should be** a great experience.

③ **It should be** warmer than yesterday.

④ **It should be** finished by the end of the week.

⑤ **It should be** beautiful this time of year.

43

They say ~

一般的には~だと言われている

基本フレーズ

They say he's a great kabuki actor.
彼はすばらしい歌舞伎役者だと言われています。

They say ~ の **they** は「一般の人」を表わし、「一般の人はこう言っている」、つまり「一般的にはこう言われている」ということを述べるときに文頭につけて使います。特定の誰かが言っているというわけではないけれども、「~と言われている」というような噂話、言い伝え、ことわざなどを言うときに使います。

プラスアルファ

ことわざや有名なセリフなどを引用して「~ってよく言うじゃない」と言うときは、文末に **, as they say** をつけます。
例) Time is money, **as they say.**
　　(時は金なりってよく言うじゃん)

このパターンでこんなことが言えます！

They say it's not a problem.
問題ないと言われている。

They say it's a good movie.
その映画はいいらしいよ。

They say it's the next big thing.
これが次にあたる商品ですって。

They say it's going to snow.
雪が降るみたい。

They say the food is great.
食べ物はおいしいみたいですよ。

They say it's not for everyone.
万人向きではないと言われている。

They say this charm brings good luck.
このお守りは幸運を呼ぶと言われています。

They say nothing beats a good night's sleep.
いい睡眠に勝るものはないと言われている。

They say ~ 　　一般的には~だと言われている

□ ① 大丈夫だと言われている。

□ ② 練習が必要だと言われている。

□ ③ すべてを見るには1日かかると言われている。

□ ④ 彼はあまりいい経営者ではないと言われている。

□ ⑤ このお寺は数百年の歴史があると言われています。

□ ⑥ これが一番お買い得だと言われている。

□ ⑦ 経済はもうすぐ改善すると言われている。

□ ⑧ この魚は絶滅しつつあると言われている。
　　ヒント：絶滅する= become extinct

□ ⑨ 適量のアルコールは体にいいと言われている。
　　ヒント：適量のアルコール= alcohol in moderation

□ ⑩ 運動後すぐに食べないほうがいいと言われています。

① **They say** it's okay.

② **They say** it takes practice.

③ **They say** it takes a day to see everything.

④ **They say** he's not a very good manager.

⑤ **They say** that this temple is hundreds of years old.

⑥ **They say** this is the best value for the money.

⑦ **They say** that the economy is going to improve soon.

⑧ **They say** that this fish is becoming extinct.

⑨ **They say** that alcohol in moderation is good for you.

⑩ **They say** it's better not to eat right after exercising.

44

Make sure you ~

必ず〜してね

基本フレーズ

Make sure you lock the doors.

必ずドアの鍵を閉めてください。

---

sure は「確信している」という意味ですので、**Make sure you ~** で「必ず〜してね」と、相手に念を押すときに使えます。Make sure のあとは you だけではなく、**Make sure Mike does his homework.**(マイクに必ず宿題させてね)というように、「必ず(人)が〜するようにね」=「必ず(人)に〜させて」というかたちでも使えます。

プラスアルファ

自分自身が相手に対して、「必ず〜するからね」と誓うようなニュアンスで言うときは **I'll make sure 〜** という言い方をします。
例) **I'll make sure I pick you up tomorrow.**
(明日、必ず迎えにいくからね)

PART3 「ネイティブ脳」が鍛えられるパターン10

このパターンでこんなことが言えます！

Make sure you inform me.
必ず私に知らせるようにしてください。

Make sure you bring your own towel.
必ず自分のタオルを持参してください。

Make sure you don't forget.
絶対に忘れないでね。

Make sure you don't drink the tap water.
水道水は絶対に飲まないでください。

Make sure you don't miss the deadline.
締め切りに絶対遅れないようにしてください。

Make sure there are no mistakes.
絶対に間違いがないようにしてください。

Make sure no cars are coming.
車が来ないことを必ず確認してください。

Make sure your computer is off.
コンピューターは必ず消してね。

パターントレーニング

Make sure you ~ 必ず〜してね

- ① 必ず早めに予約をしてください。

- ② 必ずガイドラインに従ってください。

- ③ 必ず十分なお金を持っていてください。

- ④ 絶対に遅れないようにしてください。

- ⑤ 絶対に誤解しないでね。

- ⑥ 必ず彼が大丈夫なのを確認してください。

- ⑦ 必ず彼がその手順をわかるようにしてください。
  ヒント：手順= procedure

- ⑧ 必ずパソコンの電源が入っているようにしてください。
  ヒント：電源が入っている= be plugged in

- ⑨ 必ず誰にも知られないようにしてください。

- ⑩ 必ずシートベルトを締めるようにしてください。

① **Make sure you** book early.

② **Make sure you** follow the guidelines.

③ **Make sure you** have enough money.

④ **Make sure you**'re not late.

⑤ **Make sure you** don't misunderstand.

⑥ **Make sure** he's all right.

⑦ **Make sure** he knows the procedure.

⑧ **Make sure** the computer is plugged in.

⑨ **Make sure** no one finds out.

⑩ **Make sure** your seatbelt is fastened.

45

You can ~, if you want.

もしよければ〜してください

― 基本フレーズ ―

You can eat more, **if you want.**

もしよければもっと食べて。

You can ~, if you want. は、相手に「もしよければ〜してください」「〜したければどうぞ」と勧めるときのフレーズです。遠慮している様子の人に「どうぞ」とさりげなく促すような場面で使えます。

プラスアルファ

反対に「したくなければしなくていい」と言いたいときは、**You don't have to ~, if you don't want to.** というパターンが使えます。
例) You don't have to make a contribution, if you don't want to.
（いやなら寄付は無理にしなくていいですよ）

このパターンでこんなことが言えます！

You can join us, **if you want.**
よければ参加してね。

You can stay a while, **if you want.**
よければしばらくいて。

You can use my cell, **if you want.**
よければ携帯貸すよ。

You can take more time, **if you want.**
よければもっと時間かけてください。

You can talk to me about it, **if you want.**
よければ話してみて。

You can take this home, **if you want.**
ご自由にお持ち帰りください。

You can sit here, **if you want.**
よければここにおかけください。

You don't have to go, **if you don't want to.**
無理して行く必要はないよ。

パターントレーニング

You can ~, if you want. もしよければ~してください

- ☐ ① よければもっと砂糖を足してもいいですよ。
- ☐ ② 窓を開けたければ開けてください。
- ☐ ③ フライト変更してもいいですよ。
- ☐ ④ よければ外で待っててもいいよ。
- ☐ ⑤ よければ毎日使ってください。
- ☐ ⑥ 早めにチェックインできますよ。
- ☐ ⑦ よければもう少しデザート食べてください。
- ☐ ⑧ 頼めばケチャップもあるけど。
- ☐ ⑨ 行きたくなければお寺へ行かなくていいですよ。
- ☐ ⑩ 食べたくなければ全部食べなくてもいいんですよ。

① **You can** add more sugar, **if you want.**

② **You can** open a window, **if you want.**

③ **You can** change your flight, **if you want.**

④ **You can** wait outside, **if you want.**

⑤ **You can** use it everyday, **if you want.**

⑥ **You can** check in early, **if you want.**

⑦ **You can** have some more dessert, **if you want.**

⑧ **You can** ask for ketchup, **if you want.**

⑨ **You don't have to** go to the temple, **if you don't want to.**

⑩ **You don't have to** eat everything, **if you don't want to.**

46

What if ~?

もし~だったらどうしよう?

基本フレーズ

What if it rains?

もし雨が降ったらどうしよう?

What if ~? には、主に2通りの使い方があります。ひとつは基本フレーズのように「もし~だったらどうしよう?」という使い方。また、**What if I were to offer you a million dollars?**(もし100万ドルあげるとしたらどうする?)のように、「~だったらどうする?」という意味で仮定の話や妄想を語るときにも使います。

プラスアルファ

What if の前に So をつけると「~だとしたら問題ですか?」「~で悪い?」というやや挑戦的で開き直った言い方になります。

例)**So what if I love junk food?**
(ジャンクフード好きだからって何?)

PART3 「ネイティブ脳」が鍛えられるパターン10

このパターンでこんなことが言えます！

What if we get lost?
迷子になったらどうしよう？

What if there aren't any trains?
電車がもうなかったらどうしよう？

What if it's closed?
閉まっていたらどうしましょう？

What if it's out of stock?
在庫がなかったらどうしましょう？

What if I get fired?
クビになったらどうしよう？

What if you can't contact me?
もし私と連絡が取れなかったらどうするの？

What if you win the lottery?
もし宝くじに当たったらどうする？

So what if I love manga?
漫画好きですが、何か？

235

パターントレーニング

What if ~?　　もし~だったらどうしよう？

□ ① もし私がOKと言ったらどうしますか？

□ ② 彼が病気になったらどうしましょう？

□ ③ 彼らに誤解されたらどうしよう？

□ ④ もしチケットが残っていなかったらどうしよう？

□ ⑤ もし演劇がキャンセルされたらどうしましょう？

□ ⑥ 予想もしないことが起こったらどうしましょう？

□ ⑦ もし返金システムがなかったらどうしましょう？
　　ヒント：返金システム= refund policy

□ ⑧ もしあなたのママがダメだと言ったら？

□ ⑨ UFOを見たらどうする？

□ ⑩ 元カレに電話したからって、何よ？

① **What if** I say OK?

② **What if** he gets sick?

③ **What if** they misunderstand me?

④ **What if** there are no tickets left?

⑤ **What if** the play is canceled?

⑥ **What if** something unexpected happens?

⑦ **What if** there's no refund policy?

⑧ **What if** your mother says no?

⑨ **What if** you see a UFO?

⑩ **So what if** I called my ex-boyfriend?

47

What do you say to ~?

~はどうでしょうか？

基本フレーズ

What do you say to a movie?
映画なんてどう？

What do you say to ~? は、直訳では「あなたは～に対して何と言いますか？」ですが、「～なんてどう？」というニュアンスで相手を誘うなど、何かを提案するときに使われるパターンです。ここでの to は不定詞用法ではないので、to のあとには名詞もしくは代名詞がきます。

プラスアルファ

相手の意向などを確認するときは、**What do you say?** だけでOK。**What do you think?** と同意の表現です。
例) I'd like to go to an Italian restaurant tonight. **What do you say?**（今夜はイタリア料理のレストランに行きたいのですが、どうでしょうか？）

PART3 「ネイティブ脳」が鍛えられるパターン10

＜ このパターンでこんなことが言えます！ ＞

What do you say to dessert?
デザートはどうでしょうか？

What do you say to visiting the castle?
お城に行くのはどうでしょうか？

What do you say to taking the train?
電車を使うのはどうでしょうか？

What do you say to changing trains here?
ここで乗り換えるのはどうでしょうか？

What do you say to meeting on Friday?
金曜日に会うのはどうでしょうか？

What do you say to coming to my place?
家に来るのはどう？

What do you say to getting something to eat?
何か食べるのはどう？

What do you say to another cup of coffee?
コーヒーをもう一杯どうでしょうか？

What do you say to ~? ~はどうでしょうか？

- ① アップルパイはどうでしょうか？

- ② 来週末バーベキューはどうでしょうか？

- ③ 発売記念パーティーはどうでしょうか？
  ヒント：発売記念パーティー= launch party

- ④ アイスクリームを食べるのはどう？

- ⑤ テラスで晩御飯を食べるのはどう？

- ⑥ 金曜日に発つのはどうでしょうか？

- ⑦ 今日は外でランチはどうでしょうか？

- ⑧ 映画のあとに食事するのはどうでしょうか？

- ⑨ 次の会議の日を変更するのはどうでしょうか？

- ⑩ このプロジェクトに一緒に取り組むのはどうでしょうか？

① **What do you say to** apple pie?

② **What do you say to** a barbeque next weekend?

③ **What do you say to** a launch party?

④ **What do you say to** getting some ice cream?

⑤ **What do you say to** having dinner on the terrace?

⑥ **What do you say to** leaving on Friday?

⑦ **What do you say to** going out for lunch today?

⑧ **What do you say to** eating after the movie?

⑨ **What do you say to** changing the day of the next meeting?

⑩ **What do you say to** working together on this project?

48

I'm about to ~

まさに今~しようとしていたところ

— 基本フレーズ —

I'm about to start the meeting.

まさにミーティングを始めようとしたところです。

I'm about to ~ は「まさに今~しようとしていたところ」という意味です。出がけに電話などがかかってきて、「今ちょうど出るところです」と言うときに **I'm about to leave.** などと使います。時間の感覚的には2~3分以内というイメージです。ちなみに、**I'm not about to ~** は、「絶対に~しない」と断言するときに使います。

プラスアルファ

You're about to kill someone.（今にも人を殺しそうな顔しているよ）のように、ジョークで「今にも~しそうな顔してるよ」という意味で使うこともあります。

このパターンでこんなことが言えます！

I'm about to call.
ちょうど今、電話しようと思っていたところなの。

I'm about to send him an e-mail.
まさに彼にメールを送ろうとしていたところです。

I'm about to leave my hotel.
まさに今ホテルを出るところです。

I'm about to meet a client.
まさに今クライアントに会うところです。

I'm about to start cooking dinner.
まさに夕食を作り始めるところです。

I'm about to fall asleep.
まさに眠りにつこうとしていたところです。

I'm not **about to** buy that.
おれは絶対に買わない。

We're about to launch a new product.
新しい商品を発売するところです。

I'm about to ~   まさに今~しようとしていたところ

- □ ① まさに出かけようとしていたところです。

- □ ② まさに歩き始めようとしていたところです。

- □ ③ まさに店に行こうとしていたところです。

- □ ④ まさに仕事に行こうとしていたところです。

- □ ⑤ まさにゴミを出そうとしていたところです。

- □ ⑥ まさに洗濯機を回そうとしていたところです。

- □ ⑦ 私の最終レポートをまさに提出しようとしていたところです。

- □ ⑧ 今あなたを迎えにいこうとしているところなの。

- □ ⑨ 応募者の面接を始めようとしていたところです。
  ヒント：応募者 = applicant

- □ ⑩ 彼とは絶対に結婚しません。

244

① **I'm about to** go out.

② **I'm about to** start walking.

③ **I'm about to** go to the store.

④ **I'm about to** leave for work.

⑤ **I'm about to** take out the trash.

⑥ **I'm about to** start the washing machine.

⑦ **I'm about to** send in my final report.

⑧ **I'm about to** pick you up.

⑨ **We're about to** start interviewing applicants.

⑩ **I'm** not **about to** marry him.

49

~(比較級) than I expected.

思ったより~だ

基本フレーズ

This was harder than I expected.
思ったよりも大変でした。

---

expect は「予期する」「予想する」という意味。**[比較級] + than I expected.** で、ある出来事やものが自分の予想を上回っていたときなどに、「思ったよりも~だ」「予想以上に~だ」という意味で使います。

プラスアルファ

[比較級] + than I thought. も同じく、「思ったより~だ」と意外な事柄を述べるときに使えます。
例) It was **more** crowded **than I thought.**
（思ったより混んでいた）

このパターンでこんなことが言えます！

It was **more** expensive **than I expected.**
思ったより高かった。

It's **more** helpful **than I expected.**
予想以上に役に立ちます。

It's furth**er than I expected.**
想像以上に遠いです。

This is taking long**er than I expected.**
思ったより時間がかかっている。

I'm **more** tired **than I expected.**
予想以上に疲れています。

The weather is warm**er than I expected.**
想像以上に暖かいです。

Our expenses were **more than I thought.**
思った以上に費用がかさんでいます。

It wasn't as expensive as **I thought.**
思ったほど高くなかった。

パターントレーニング

~(比較級) than I expected.	思ったより~だ

- □ ① 予想以上に難しいです。

- □ ② 想像以上に楽しいです。

- □ ③ 想像以上に忙しいです。

- □ ④ この自転車は期待以上です。

- □ ⑤ 東京は想像以上に大きいです。

- □ ⑥ その映画は想像以上に長かったです。

- □ ⑦ スペインへの旅行は、思っていた以上に長かった。

- □ ⑧ 予想以上に店が多くあります。

- □ ⑨ 旅行は思ったほど長くかからなかった。

- □ ⑩ 思ったほど時間がかからなかった。

① It's **more** difficult **than I expected.**

② It's **more** fun **than I expected.**

③ I'm busi**er than I expected.**

④ This bicycle is nic**er than I expected.**

⑤ Tokyo is bigg**er than I expected.**

⑥ The movie was long**er than I expected.**

⑦ The trip to Spain was long**er than I expected.**

⑧ There are **more** stores **than I expected.**

⑨ The trip didn't take as long as **I expected.**

⑩ It didn't take as much time as **I expected.**

50

No wonder ~

~するのも無理はない

基本フレーズ

No wonder he's upset.

彼が怒るのも無理はない。

---

wonder は「不思議なもの」「驚くべきもの」を表わしますので、**No wonder ~** で「~でも不思議ではない」、つまり「~しても仕方ない」「どうりで~なわけだ」という意味になります。ある結果に対して、そうなるべくしてなった、そうなるのも無理はない、という状況で使います。

プラスアルファ

No wonder. は、会話で相手の言ったことに対して、「なるほどね」「だからか」とつじつまが合ったときの返事としても使います。

例) Bob and Becky got divorced.
（ボブとベッキー離婚したって）
No wonder.（なるほどね）

このパターンでこんなことが言えます！

No wonder he quit.
彼が辞めたのも仕方ない。

No wonder he was so successful.
彼が成功したのは不思議ではない。

No wonder he decided to move.
彼が引っ越しを決めたのも無理はない。

No wonder it's crowded.
混むのも無理はない。

No wonder it's so expensive.
高いのも無理はない。

No wonder you're so tired.
そんなに疲れているのも無理はない。

No wonder you're so hungry.
お腹が減っているのも無理はない。

No wonder she looks happy.
どうりで彼女が幸せそうなわけだ。

No wonder ~   ～するのも無理はない

- □ ① それがとても有名なのも不思議ではない。

- □ ② バスが遅れたのも無理はない。

- □ ③ ここが人気があるのも不思議ではない。

- □ ④ そのプロジェクトが遅れたのも無理はない。

- □ ⑤ 早く終われたのも不思議ではない。

- □ ⑥ 我々に多くの問題があるのも無理はない。

- □ ⑦ みんなが退屈したのも無理はない。

- □ ⑧ 彼らが倒産したのも無理はない。
  ヒント：倒産する = go out of business

- □ ⑨ 彼らが締め切りまでに終わらなかったのも無理はない。

- □ ⑩ どうりであなたがおとなしいわけだ。

① **No wonder** it's so famous.

② **No wonder** the bus was late.

③ **No wonder** this is a popular place.

④ **No wonder** the project was delayed.

⑤ **No wonder** we finished early.

⑥ **No wonder** we're having so many problems.

⑦ **No wonder** everyone got bored.

⑧ **No wonder** they went out of business.

⑨ **No wonder** they didn't finish before the deadline.

⑩ **No wonder** you're so quiet.

著者紹介
デイビッド・セイン（David Thayne）
米国出身。カリフォルニア州アズサパシフィック大学で社会学修士号取得。日米会話学院などでの豊富な教授経験を活かし、数多くの英語学習書を執筆。著書に、『その英語、ネイティブにはこう聞こえます』（主婦の友社）、『英語ライティングルールブック』（DHC）、『ビジネスQuick English』シリーズ（ジャパンタイムズ）など。現在は、英語を主なテーマとしてさまざまな企画を実現する「エートゥーゼット」を主宰。東京・根津と春日にある、エートゥーゼット英語学校の校長も務める。
〈エートゥーゼットのサイト〉http://www.english-live.com
〈エートゥーゼット英語学校のサイト〉http://www.atozenglish.jp

【執筆協力】
小松アテナ
小林奈々子
Ed Jacob
Rebekah Harmon
Kevin Plimley
（エートゥーゼット）

本書は、書き下ろし作品です。

PHP文庫	驚くほど話せるようになる！ 英会話「1日1パターン」レッスン

2011年8月19日	第1版第1刷
2017年5月8日	第1版第42刷

著　者	デイビッド・セイン
発行者	岡　　修　平
発行所	株式会社PHP研究所

東京本部　〒135-8137　江東区豊洲 5-6-52
　　　　　　文庫出版部　☎03-3520-9617（編集）
　　　　　　普及一部　☎03-3520-9630（販売）
京都本部　〒601-8411　京都市南区西九条北ノ内町11

PHP INTERFACE　　http://www.php.co.jp/

組　版	株式会社PHPエディターズ・グループ
印刷所 製本所	共同印刷株式会社

Ⓒ David Thayne 2011 Printed in Japan　　ISBN978-4-569-67674-6

※本書の無断複製（コピー・スキャン・デジタル化等）は著作権法で認められた場合を除き、禁じられています。また、本書を代行業者等に依頼してスキャンやデジタル化することは、いかなる場合でも認められておりません。

※落丁・乱丁本の場合は弊社制作管理部（☎03-3520-9626）へご連絡下さい。送料弊社負担にてお取り替えいたします。

🌳 PHP文庫好評既刊 🌳

中学英語を5日間でやり直す本

「基本の基本」が驚きのスピードで頭に甦る

小池直己／佐藤誠司 共著

意外に忘れている「中学校の英語」の基礎を5日間で復習。教科書では教えてくれない「使える基礎」も身に付く、英語を学ぶ人必読の本。

定価 本体五五二円（税別）